现代企业经济管理与经济博弈论分析

林雨彬◎著

中国出版集团　现代出版社

图书在版编目（CIP）数据

现代企业经济管理与经济博弈论分析 / 林雨彬著
. -- 北京 : 现代出版社，2023.9
ISBN 978-7-5231-0517-7

Ⅰ．①现… Ⅱ．①林… Ⅲ．①企业管理－经济管理－
研究②博弈论－应用－经济学－研究 Ⅳ．①F272
②F224.32

中国国家版本馆CIP数据核字(2023)第167207号

现代企业经济管理与经济博弈论分析

作　　者	林雨彬	
责任编辑	刘　刚	
出版发行	现代出版社	
地　　址	北京市朝阳区安外安华里504号	
邮　　编	100011	
电　　话	010-64267325　64245264(传真)	
网　　址	www.1980xd.com	
电子邮箱	xiandai@ cnpitc.com.cn	
印　　刷	北京四海锦诚印刷技术有限公司	
版　　次	2023 年 9 月第 1 版　2023 年 9 月第 1 次印刷	
开　　本	185 mm×260 mm　1/16	
印　　张	10.75	
字　　数	253千字	
书　　号	ISBN 978-7-5231-0517-7	
定　　价	68.00元	

前　言

随着市场经济的不断深入，企业不仅要具有比较强大的竞争力，还要做好经济管理和经济活动分析方面的工作。在现代企业经济管理中，通过运用博弈论的观点和方法，管理者可以更准确地预测和评估不同决策对企业绩效的影响，并制定出更有效的策略和战略。在很大程度上关系到企业生产发展和未来发展方向。

基于此，本书以"现代企业经济管理与经济博弈论分析"为题，第一，阐述理论视角下的现代企业经济管理，内容包括企业概述、企业制度与企业管理、企业组织设计与行为、企业经济发展与管理创新；第二，分析不同经济模式下的企业经济管理，内容涉及市场经济模式中的企业经济管理、"互联网＋"背景下的企业经济管理、知识经济基础上的企业经济管理；第三，论述现代企业经济管理的多元化内容，内容涵盖企业营销管理、企业文化管理、企业财务管理、企业人力资源管理、企业竞争管理、企业国际化管理、企业创业管理；第四，论述经济博弈论及其在现代企业经济管理中的运用、经济博弈论在现代企业经济管理中的细化研究；第五，探索不同类型企业的经济博弈论应用实践，内容包括博弈论视角下国有企业人力资源管理优化方案、非对称信息博弈论下中小微企业税收筹划管理、家族企业管理权传承的重复博弈分析、基于博弈论的合资铁路经营管理体制探讨、家政企业诚信监管的三方演化博弈及仿真分析、农产品加工企业经济行为的博弈论分析、基于博弈论的经济新常态下供电企业内部审计风险。

本书结构完整，视野广泛，层次清晰，通俗易懂，紧跟时代潮流，满足用户不断更新的需求。本书可供广大现代企业经济管理相关从业人员、高校师生与知识爱好者阅读使用，具有一定的参考价值。

本书在写作过程中，得到了许多专家和学者的帮助和指导，在此表示诚挚的谢意。由于笔者水平有限，加之时间仓促，书中难免存在疏漏之处，恳请读者提供宝贵意见，以便笔者进一步修改，使之更加完善。

目　录

第一章
理论视角下的现代企业经济管理

第一节　企业概述

企业是国民经济的细胞，企业是指一种经济组织形式，它通过组织和整合资源、开展经营活动，以追求利润为目标。企业可以是私人企业、合作企业、国有企业或混合所有制企业等形式。它们可以从事各种商业活动，包括生产商品、提供服务、销售产品等。企业通常由一组人员组成，包括所有者、管理人员和雇员。企业在市场经济中扮演重要角色，对经济增长和就业机会的创造起到关键作用。

一、企业的特点

企业要有一定的组织机构，有自己的名称、办公和经营场所、组织章程等要素。企业应自主经营，独立核算，自负盈亏，具有法人资格。必须依据国家的相关法律法规设立，取得社会的责任，履行义务，拥有相应的权力，依法开展经营活动，受到法律的保护。企业的特点通常包括以下几个方面。

第一，长期性。企业是一个长期存在和持续发展的组织形式。它不仅追求短期经济利益，还注重长期的战略规划和可持续发展。企业需要建立长期的客户关系、员工培养和创新能力，以保持竞争力并实现长期的利润增长。

第二，经济性。企业的目标是追求经济利益和利润最大化。它通过提供产品或服务来满足市场需求，并以此获取收入和利润。企业会注重资源的有效利用、成本控制和经营效率，以增强经济竞争力。

第三，独立性。企业是独立的经济实体，具有自主决策权和经营管理权。它能够独立进行商业活动，与其他企业和个人进行合作和交易。

第四，组织性。企业具有一定的组织结构和层级体系，包括各个部门和职能，用于协调和管理内部的各项业务活动。企业通常会制定规章制度、分配职责和权限,以确保组织的协调运作和工作的高效性。

第五,责任性。企业在经济活动中承担一定的社会责任和法律责任。它需要遵守相关法规和规范,保护消费者权益、环境和社会利益。企业还需要履行对员工、股东和其他利益相关者的责任,维护合法权益并回报利益相关方。

第六,影响力。企业在社会经济中扮演着重要的角色,不仅为经济增长和就业提供支持,还对社会和环境产生影响。企业的决策和行为可以对社会价值、可持续发展和公共利益产生积极或消极的影响,因此企业需要承担相应的社会责任。

第七,风险承担。企业经营过程中会面临各种风险和不确定性,包括市场风险、竞争风险、经济风险等。企业需要具备风险管理的能力,承担和应对这些风险,并寻求稳健的发展路径。

第八,利益共享。企业是由多个利益相关者组成的,包括股东、员工、供应商、客户和社会公众等。企业的特点之一是在经济活动中追求利益最大化的同时,通过合理的利益分配机制,实现利益相关者的共享和平衡。

第九,创新性。企业通常需要持续创新以适应市场的变化和发展。创新可以涉及产品、技术、生产流程、营销策略等方面,旨在提升企业的竞争力和市场地位。

二、企业的功能

第一,企业具有创造就业机会的功能。作为经济活动的主体,企业为社会创造了大量的工作岗位。通过雇用员工,企业提供了稳定的收入来源,促进了就业和经济增长。同时,企业也为员工提供了发展和晋升的机会,激励他们不断提升自己的能力和技能。

第二,企业具有创造价值的功能。企业通过生产和提供产品或服务,满足人们的需求和欲望。企业将资源、劳动力和技术转化为有用的产品,为消费者创造经济价值。通过市场交易,企业促进了资源的配置和分配,推动了经济的发展和繁荣。

第三,企业具有创新的功能。为了在竞争激烈的市场中保持竞争优势,企业需要不断进行创新。它们投资于研发和技术创新,开发新产品、新技术和新业务模式。企业的创新不仅推动了产业的进步和发展,也为社会带来了新的机遇和变革。

第四,企业承担着社会责任的功能。企业作为社会的一员,需要承担一定的社会责任,包括保护环境、维护消费者权益、履行法律义务等。企业通过可持续经营和社会公益活动,回馈社会,推动社会进步和可持续发展。

第五,企业具有经济增长和财富创造的功能。企业通过创造利润和增加税收,为社会经济的发展和公共事业的建设提供了资金支持。它们在经济体系中发挥着重要的推动作用，促进了经济的增长、国家财富的积累和社会福利的提升。

　　总之，企业具有创造就业、创造价值、创新、社会责任、经济增长和财富创造、风险承担等多种功能。它们是经济社会的重要组成部分，对社会经济发展和个人福利产生着重要影响。通过有效的组织和管理，企业能够发挥这些功能，为社会创造价值，并实现自身的可持续发展。

三、企业的目标

　　企业目标，是指企业在一定时期内要达到的目的和要求，一般用概括的语言或数量指标加以表示。如发展生产、扩大市场、革新技术、增加盈利、提高职工收入和培训职工等方面的要求，都要用目标表示出来。企业目标一般通过一定的规定性项目和标准来表达，它可以定性描述，也可以定量描述。任何目标都是质和量的统一体。对目标进行定性描述，可以阐明目标的性质与范围；对目标进行定量描述，可以阐明目标的数量标准。企业的目标往往是一个目标体系，其目标内容是多元的，是以一定的结构形式存在的。

（一）市场目标

　　市场是企业的生存空间，企业的生产经营活动与市场紧密联系。确定市场目标是企业经营活动的重要方面。市场目标可用销售收入总额来表示。为了保证销售总额的实现，企业还可制定某些产品在地区的市场占有率作为辅助目标。企业经营能力的大小，要看其占有市场的广度和深度，以及市场范围和市场占有率的大小。市场目标既包括新市场的开发和传统市场的纵向渗透，也包括市场占有份额的增加。有条件的企业，应把走向国际市场、提高产品在国外市场的竞争能力列为一项重要目标。

（二）成本目标

　　成本目标是指在一定时期内，为达到目标利润，在产品成本上达到的水平。它是用数字表示的一种产品成本的发展趋势，是根据所生产产品的品种、数量、质量、价格的预测和目标利润等资料来确定的，是成本管理的奋斗目标。确定成本目标时，要对市场的需要，产品的售价及原材料、能源、包装物等价格的变动情况和新材料、新工艺、新设备的发展情况进行分析，结合企业今后一定时期内在品种、产量、利润等方面的目标，以及生产技术、经营管理上的重要技术组织措施，从中找出过去和当前与成本有关的因素，取得必要的数据，根据这些数据和企业本身将要采取的降低成本的措施，制定出近期和远期的成本目标。

（三）社会贡献目标

社会贡献目标应是现代企业的首要目标。每个企业在制定目标时，必须根据自己在社会经济中的地位，确定其对社会的贡献目标。企业对社会的贡献，是通过为社会创造的使用价值和价值来表现的，因此，贡献目标可以表现为产品品种、质量、产量和缴纳税金等。

（四）利益与发展目标

利益目标是企业生产经营活动的内在动力。利益目标直接表现为利润总额、利润率和由此所决定的公益金的多少。利润是销售收入扣除成本和税金后的差额。无论是企业的传统产品还是新产品，其竞争能力都受到价格的影响。企业为了自身的发展和提高职工的物质利益需求，必须预测出未来各个时期的目标利润。企业要实现既定的目标利润，应通过两个基本途径：①发展新产品，充分采用先进技术，创名牌产品，取得高于社会平均水平的利润；②改善经营管理，薄利多销，把成本降到社会平均水平之下。目标利润是综合性的指标，它是企业综合效益的表现。

利益目标不仅关系到员工的切身利益，也决定了企业的长远发展。企业经营管理的内在动力是它的物质利益和发展目标。企业要在一定时期内，根据经营思想和经营方针的要求，制定自己的利益与发展目标。

随着企业生产的增长，职工的物质利益应在国家法律、政策许可的范围内相应地提高，使企业的各个环节与物质利益结合起来，以利于调动职工的积极性。为此，企业必须制定出近期和远期职工物质利益增长目标。

（五）人员培训目标

企业素质的一个重要方面是提高员工的业务能力、技术水平、文化和政治素养，企业贡献大小、企业的兴旺发达都与此有关。要使员工具有专业技术的开发能力，就要优化员工培训。企业的经营方针和目标明确以后，需要有相应素质的人来实施完成。所以，企业一定时期的员工培养目标是保证各项新技术和其他各个经营目标实现的根本条件。

企业目标具体项目和标准的确定，要考虑企业自身的状况和企业的外部环境，处理好企业内外部的各种关系。企业制定目标时，必须让员工知道他们的目标是什么，什么样的活动有助于目标的实现，以及什么时候完成这些目标，而且目标应该是可考核的。

四、企业的责任

企业的责任是指企业在争取自身的生存发展的过程中，面对社会的需要和各种社会问题，为维护国家、社会和人类的利益，所应该履行的义务。它的身份和地位，决定了它在国民经济体系中必须对国家、社会各方面承担它应承担的责任。

企业承担的社会责任范围广，内容复杂，下面仅介绍其主要的社会责任。

第一，企业对员工的责任。企业在生产经营活动中使用员工的同时，也要肩负保护劳动者人身安全、身体健康，培养和提高员工政治、文化、技术等多方面素质，保护劳动者合法权益等责任。

第二，企业对社区的责任。企业对企业所处的社区有维护社区正常环境、适当参与社区教育文化发展、维护环境卫生和治安、支持社区公益事业等责任。

第三，企业对生态环境的责任。在生态环境问题上，企业应当为所在的社区、区域、国家或社会，乃至全人类的长远利益负起责任。要维护人类的生态环境，以适应经济社会的可持续发展。企业作为自然资源（水资源、矿产资源等）的主要消费者，应当承担起节约资源、开发资源、保护资源的责任。企业应防止对环境造成污染和破坏，要整治被污染破坏了的生态环境。

第四，企业对国家的责任。企业对国家的责任涉及社会生活中政治、法律、经济、文化等各个领域。如企业应遵守国家的方针政策、法律政策，遵守国家关于财务、劳动工资、物价管理等方面的规定，接受财税、审计部门的监督，自觉照章纳税，管好、用好国有资产，实现国有资产保值增值。

第五，企业对消费者的责任。企业向消费者提供的产品和服务应能使消费者满意，并致力于社会效益的提高，如向消费者提供商品、服务信息，注意消费品安全，强调广告责任，维护社会公德等，这些都是企业对消费者应尽的责任。

第二节 企业制度与企业管理

一、企业制度

"随着社会经济的不断发展，现代企业处于激烈的竞争环境中，同时在这样的市场背景下，企业也在不断地调整自身的发展方向和经营决策，从而保证企业的长期稳定发展。"① 企业制度是指在市场经济条件下，以规范和完善的法人制度为主体，以有限责任制度为核心，以股份有限公司为重点的产权清晰、权责明确、政企分开、管理科学的现代公司制度。它是为适应我国企业制度创新的需要而提出来的特定概念，是企业制度的现代形式。企业制度的提出，标志着我国国有企业改革由以放权让利为主要内容的改革，转变为以理顺产权关系为重要内容的制度的建立。因此，建立企业制度，在我国社会主义市场经济建立过程中，对转换经营机制有着重要的促进作用，特别是为国有大中型企业的改革指明了方向。

(一) 企业制度的含义

第一，企业制度是企业制度的现代形式。企业制度在不断发展变化，企业制度是从原始企业制度发展而来的，是市场经济及社会化大生产发展到一定阶段的产物。

第二，企业制度是由若干具体制度相互联系而构成的系统，是一种制度体系，它是由现代企业法人制度、现代企业产权制度、现代企业组织领导制度、现代企业管理制度等有机结合的统一体。

第三，现代企业法人制度是企业制度的基础，是企业产权的人格化。企业作为法人，有其独立的民事权利能力和民事行为能力，是独立享受民事权利和承担民事义务的主体。规范和完善的法人企业享有充分的经营自主权，并以其全部财产对其债务承担责任，而终极所有者对企业债务责任的承担仅以其出资额为限。因而，在此基础上产生了有限责任制度。我们强调建立企业制度，转换国有企业经营机制，实质内容之一就是在我国确立规范、完善的现代企业法人制度，使国有企业成为自主经营、自负盈亏、自我约束、自我发展的市场竞争主体，使作为终极所有者的国家承担有限责任。

第四，现代企业产权制度是企业制度的核心。构成产权的要素有所有权、占有权、处置权和收益权等，企业制度是以终极所有权和法人财产权的分离为前提的。现代企业产权制度就是企业法人财产权制度。在此制度下，终极所有权的实现形式主要是参与企业的重大决策，获得收益；法人企业则享有其财产的占有权、处置权等。

第五，企业制度以公司制为主要组织形式。当然，公司制是一种现代的企业组织形式，是企业制度的一项组成内容，而不是唯一的内容。我国建立企业制度主要是针对国有企业改革出现的问题而提出来的。对于国有企业改革而言，主要是应该建立现代公司制

---

① 李响. 现代企业制度下企业财务管理的探讨 [J]. 现代商业, 2022 (8): 141.

度。现代公司制度主要是指股份有限公司和有限责任公司，但不是说建立了公司制就是建成了企业制度，因为它还有其他丰富的内容，股份有限公司和有限责任公司只是企业制度公司制的典型代表，不能因此而否定其他有效的形式。

（二）企业制度的完善

企业要不断完善、深化改革力度，不断更新观念、解放思想、勇于创造，使企业制度更加完善。

1. 更新旧观念，树立新观念

建立和完善企业制度是我国企业改革的方向。因此，在思想上要更新旧观念，树立新观念，勇于创新。

（1）用生产力标准作为衡量各项改革措施的标准。企业制度的建立，使我国国有企业从原来的体制中解脱出来，转变成适应市场经济需要，能够在市场竞争中求生存、求发展的独立市场主体。在这个转变过程中，要求人们不能简单地或单一地用生产关系作为判断标准，而要大胆探索，突破影响生产力发展的体制性障碍，建立和完善企业制度。

（2）树立"吸收世界文明，共享人类精神财富"的观念。企业制度是市场经济和社会化大生产发展的结果，是人们在经济实践活动中总结出来的成果，具有科学性。在我们建立和完善社会主义市场经济体制、发展市场经济的过程中，可以借鉴、吸收，为我所用。

2. 总结经验，进一步深化国有企业改革

（1）建立健全责权统一、运转协调、有效制衡的公司法人治理结构，需要对大中型国有企业进行规范的公司制改革，少数国家垄断经营的企业可改制为国有独资公司，而其他大中型国有企业可通过规范上市、中外合资、相互参股等形式，逐步改制为多元持股的有限责任公司或股份有限公司。

（2）建立分工明确的国有资产管理、经营和监督体制，使国有资产出资人尽快到位，授权有条件的国有企业或国有资产经营公司行使出资人职能，强化对国有资产经营主体的外部监督。

（3）深化企业内部改革，强化科学管理，建立健全行之有效的激励机制和约束机制。

3. 完善企业制度，推进配套改革

这包括进行宏观经济管理、市场体系、社会保障体系等方面的综合性的配套改革。

（1）政企职责分开。促进政府职能转变，是建立企业制度的关键。政府要从直接干预企业经营活动，转向运用经济手段、法律手段和必要的行政手段管理国民经济，制定经济和社会发展目标，引导企业实施产业政策。

（2）大力培育市场，建立完备的市场体系。它包括理顺价格关系，以法律法规的形式规范各类市场的经营交易规则和程序，建立相应的市场管理、协调及监督组织，建立与完善产权交易市场、生产资料市场和劳动力市场。

（3）建立与完善社会保障体系，为企业深化改革和劳动力自主流动创造条件。比较完善的社会保障制度是实行企业制度的基础，因为只有建立统一的社会保障制度，才能突破各类不同产业、不同企业及不同身份职工之间的界限，保证企业或职工在同等外部条件下公平竞争。

二、企业管理

企业管理是指组织和协调企业内部资源、实施决策和控制措施，以实现企业既定目标的过程。它涵盖了企业的各个方面，包括战略规划、组织架构、人力资源管理、市场营销、财务管理、运营管理等。

企业管理的主要目标是提高企业的效率和效益，确保企业的长期可持续发展。通过合理规划和组织，企业管理可以确保资源的有效利用，促进各部门和个人的协作和协调，提高生产力和创新能力，提高产品或服务质量，满足客户需求，增强市场竞争力。

（一）企业管理的意义

在宏观经济体制转变，微观管理转型的形势下，企业管理仍然处于重要的地位。

第一，企业管理是企业长寿的根基，是培育企业核心竞争力的重要途径。生产经营活动是企业的基本活动，企业的主要特点是进行商品生产或提供服务。因此生产什么样的产品，生产多少，什么时候生产，从而满足用户和市场的需求，就成为企业经营的重要指标。企业管理就是要把处于理想状态的经营目标，通过组织产品制造过程转化为现实。

第二，市场力量对比的变化对企业管理提出更高的要求。在卖方市场条件下，企业是生产型管理。因为产品在市场上处于供不应求的状态，所以只要产品生产出来，就能够卖出去。企业管理关心的是如何提高生产效率，增加产量。但是，在市场经济条件下，市场变成了买方市场。在这种条件下，竞争加剧，市场对商品的要求出现多元化趋势，不但要求品种多、质量高，而且要求价格便宜、服务周到、交货准时。这种对产品需求的变化，无疑对企业管理提出新的挑战。

第三，企业领导角色的转化要求强化企业管理。在现代市场经济条件下，企业的高层经理人员要集中精力，做好与企业的长期发展密切相关的经营决策。这需要有一套健全有力的企业管理系统作为保证，否则，如果企业的高层经理人员纠缠于日常管理活动，便难以做好企业的宏观决策。

从这个意义上讲，企业管理属于企业发展的基础性工作。

（二）企业管理的原理

企业管理的基本原理是指经营和管理企业必须遵循的一系列最基本的管理理念和规则。

1. 系统原理

（1）系统的概念与特点。系统是由两个或两个以上相互区别又相互联系、相互作用的要素组成的，具有特定功能的有机整体。一般来说，系统具有整体性、相关性、目的性、层次性、环境适应性等特点。系统本身又是它从属的一个更大系统的组成部分。从管理的角度看，系统具有以下基本特点。

第一，目的性。任何系统的存在，都是为了一定的目的，为达到这一目的，必有其特定的结构与功能。

第二，整体性。任何系统都不是各个要素的简单集合，而是各个要素按照总体系统的同一目的，遵循一定规则组成的有机整体。只有依据总体要求协调各要素之间的相互联系，才能使系统整体功能达到最优。

第三，层次性。任何系统都是由分系统构成，分系统又由子系统构成。最下层的子系统由组成该系统基础单元的各个部分组成。

第四，独立性。任何系统都不能脱离环境而孤立存在，只能适应环境。只有既受环境影响，又不被环境左右而独立存在的系统，才是具有充分活力的系统。

第五，开放性。管理过程中各种因素都不是固定不变的，组织本身也在不断变革。

第六，交换性。管理过程中必须不断地与外部社会环境交换能量与信息。

第七，相互依存性。管理的各要素之间是相互依存的，而且管理活动与社会相关活动之间也是相互依存的。

第八，控制性。有效管理系统必须有畅通的信息与反馈机制，使各项工作能够及时有效地得到控制。

（2）企业管理系统的特点。企业管理系统是一个多级、多目标的大系统，是国民经济庞大系统的一个组成部分。企业管理系统具有以下几个主要特点。

第一，企业管理系统具有统一的生产经营目标，即生产出适应市场需要的产品，提高经济效益。

第二，企业管理系统的总体具有可分性，即将企业管理工作按照不同的业务需要可分解为若干个不同的分系统或子系统，使各个分系统、子系统互相衔接、协调，形成协同效应。

第三，企业管理系统的建立具有层次性，各层次的系统组成部分职责分明、各司其职，具有各层次功能的相对独立性和有效性，上层次功能统率其隶属的下层次功能，下层次功能为上层次功能的有效发挥起到铺垫作用。

第四，企业管理系统具有相对的独立性，任何企业管理系统都处在社会经济发展的大系统之中，因此，必须适应这个环境，但又要独立于这个环境，才能使企业管理系统处于良好的运行状态，达到企业管理系统的最终目的——获利。

2. 分工原理

分工是生产力发展的要求，分工原理产生系统原理之前，其基本思想是在承认企业及企业管理是一个可分工的有机系统前提下，对企业管理的各项职能与业务按照一定的标准进行适当分类，并由相应的单位或人员承担各类工作，这就是管理的分工原理。

（1）分工的优势如下。

第一，分工可以提高劳动生产率。劳动分工使工人重复完成单项操作，从而提高劳动的熟练程度，带来劳动生产率的提高。

第二，分工可以减少工作损失时间。劳动分工使工人长时间从事单一的工作项目，中间不用或减少变换工作而损失的时间。

第三，分工有利于技术革新。劳动分工可以简化劳动，使劳动者的注意力集中在一种特定的对象上，有利于劳动者创造新工具，改进设备。

第四，分工有利于加强管理，提高管理工作效率。泰勒将管理业务从生产现场分离出来之后，随着现代科学技术和生产的不断发展，管理业务得到进一步的划分，成立了相应的职能部门，配备了有关专业人员，从而提高了管理工作效率。

（2）分工原理适用范围广泛。从整个国民经济来说，可分为工业、农业、交通运输、邮电、商业等部门。从工业部门来说，可按产品标志进行分工，设立产品专业化车间；也可按工艺标志进行分工，设立工艺专业化车间。在工业企业内部还可按管理职能不同，将企业管理业务分解为不同的类型，分别由相应的职能部门实施和完成，从而提高管理工作效率，使企业处于正常、良好的运转状态。

（3）分工要讲究实效，要根据实际情况进行认真分析。一般企业内部分工既要职责分明，又要团结协作，在分工协作的同时又要建立必要的制约关系。分工不宜过细，界面必须清楚，才能避免推诿、扯皮现象的出现。在专业分工的前提下，按岗位要求配备相应的技术人员，是企业产品质量和工作质量得到保证的重要措施。在搞好劳动分工的同时，还加强对职工的技术培训，以适应新技术、新方法不断发展的要求。

3. 效益原理

效益原理，是指企业通过加强管理工作，以尽量少的劳动消耗和资金占用，生产出尽可能多的符合社会需要的产品，不断提高企业的经济效益和社会效益。提高经济效益是社会主义经济发展规律的客观要求，是每个企业的基本职责。企业在生产经营管理过程中，一方面要努力降低消耗、节约成本；另一方面要努力生产适销对路的产品，保证质量，增加附加值。从节约和增产两个方面提高经济效益，以求得企业的生存与发展。

企业在提高经济效益的同时，也要注意提高社会效益。经济效益与社会效益是一致的，但有时也会发生矛盾。一般情况下，企业应从大局出发，满足社会效益，在保证社会效益的前提下，最大限度地追求经济效益。

4. 弹性原理

弹性原理，是指企业为了达到一定的经营目标，在企业外部环境或内部条件发生变化时有能力适应这种变化，并在管理上表现出灵活的可调节性。弹性原理在企业管理中应用范围广泛。计划工作中留有余地的思想，仓储管理中保险储备量的确定，新产品开发中技术储备的构想，劳动管理中弹性工作时间的应用等，都在管理工作中得到广泛的应用，并且取得了较好的成果。

近年来，在实际管理工作中，人们自觉不自觉地把弹性原理应用于产品价值领域，收到意想不到的效果，称其为产品弹性价值。产品价值由刚性价值与弹性价值两部分构成。形成产品使用价值所消耗的社会必要劳动量称作刚性价值。伴随在产品使用价值形成或实现过程中附着在产品价值中的非实物形态的精神资源，例如产品设计、制造者、销售者、商标以及企业的声誉价值，都属于产品的弹性价值，又称无形价值或精神价值，是不同产品的一种"精神级差"。这种"精神级差"是产品市场价值可调节性的重要标准，是企业获得超额利润的无形源泉，在商品交换过程中呈弹性状态，是当今企业不断追求的目标之一。

5. 激励原理

激励原理，是指通过科学的管理方法激励人的内在潜力，使每个人都能在组织中尽其所能、展其所长，为完成组织规定的目标而自觉、努力、勤奋地工作。激励理论主要有需求层次理论、期望理论等。严格地说，激励有两种模式，即正激励和负激励。对工作业绩有贡献的个人实行奖励，在很大程度上调动其积极性，完成更艰巨的任务，属于正激励；

对由于个人原因而使工作失误且造成一定损失的人实行惩罚，迫使其吸取经验教训，做好工作，完成任务，属于负激励。在管理实践中，按照公平、公正、公开、合理的原则，正确运用这两种激励模式，可以较好地调动人的积极性，激发人的工作热情，充分挖掘人的潜力，把工作做得更好。

6. 动态原理

动态原理，是指企业管理系统随着企业内外环境的变化而不断更新自己的经营观念、经营方针和经营目标，为达到此目的必须相应改变管理方法和手段，使其与企业的经营目标相适应。企业在发展，事业在前进，要管理跟得上，关键在更新。运动是绝对的，静止是相对的，因此企业既要随着经营环境的变化，适时地变更自己的经营方法，又要保持管理业务上的适当稳定，没有相对稳定的企业管理秩序，也就失去了高质量的管理基础。

在企业管理中与此相关的理论还有矛盾论、辩证法。好与坏、多与少、质与量、新与老、利与弊等都是一对矛盾的两个方面；在实际操作过程中，要运用辩证的方法，正确、恰当地处理矛盾，使其向有利于实现企业经营目标的方向转化。

7. 创新原理

创新原理，是指企业为实现总体战略目标，在生产经营过程中，根据内外环境变化的实际，按照科学态度，不断否定自己，创造具有自身特色的新思想、新思路、新经验、新方法、新技术，并加以组织实施。

企业创新，一般包括产品创新、技术创新、市场创新、组织创新和管理方法创新等。产品创新主要是提高质量，扩大规模，创立名牌；技术创新主要是加强科学技术研究，不断开发新产品，提高设备技术水平和职工队伍素质；市场创新主要是加强市场调查研究，提高产品的市场占有率，努力开拓新市场；组织创新主要是企业组织结构的调整要切合发展的需要；管理方法创新主要是企业生产经营过程中的具体管理技术和管理方法的创新。

8. 可持续发展原理

可持续发展原理，是指企业在整个生命周期内，要随时注意调整自己的经营策略，以适应变化了的外界环境，从而使企业始终处于兴旺发达的发展阶段。现代企业家追求的目标，不是企业一时的短期兴盛，而是长盛不衰。这就需要按可持续发展原理，从历史和未来的高度，全盘考虑企业资源的合理安排，既要保证近期利益的获取，又要保证后续战略可以得到蓬勃的发展。

第三节　企业组织设计与行为

一、企业组织设计

（一）企业组织的特点、类型

1. 企业组织的特点

企业组织是指以经营活动为目的而建立的一种组织形式，具有以下几个特点。

（1）企业组织具有明确的经营目标和使命。企业作为一个经济实体，必须设定明确的目标和使命，以指导其经营活动。这些目标可以包括盈利最大化、市场份额增加、产品质量提升等，而使命则表达了企业对社会的责任和使命。

（2）企业组织具有明确的权责分工和组织结构。为了高效地实现经营目标，企业需要对各个职能进行分工，并建立相应的组织结构。这包括设立不同部门、岗位和职责，明确各级管理者的权力和责任，以确保组织的协调运作和有效决策。

（3）企业组织具有专业化和专长性。为了应对日益激烈的市场竞争，企业需要建立具备专业知识和技能的团队。通过招聘和培训，企业可以吸纳和发展具有专业专长的员工，从而提升组织的竞争力和创新能力。

（4）企业组织具有经济性和效率导向。企业追求经济效益是其存在的基本前提。企业组织通过优化资源配置、提高生产效率和降低成本来实现经济性。通过合理的生产规模、优化流程和技术创新，企业可以最大限度地提高生产效率和利润率。

（5）企业组织具有风险承担和责任。在市场经济中，企业面临各种风险和不确定性。作为经济主体，企业组织必须承担这些风险，并采取相应的措施进行管理和控制。同时，企业还承担社会责任，包括履行法律法规、保护环境、关注员工福利等方面的责任。

（6）企业组织具有灵活性和适应性。在不断变化的市场环境中，企业需要具备灵活性和适应性，以应对各种挑战和机遇。这包括灵活的组织结构、创新的经营策略和快速决策机制，以便及时调整和适应市场需求的变化。

总之，企业组织具有明确的经营目标和使命、明确的权责分工和组织结构、专业化和专长性、经济性和效率导向、风险承担和责任，以及灵活性和适应性等特点。这些特点使企业能够有效地组织和管理各种资源，实现经营目标并在市场竞争中取得成功。

2. 企业组织的类型

（1）按照企业组织形式分类。

第一，单一企业。单一企业是指一厂一店就是一个企业。这类企业的经营领域往往比较单一和专业化，企业独立核算，自负盈亏。

第二，多元企业。多元企业是指由两个以上不具备法人资格的工厂或商店组成的企业，它是按照专业化、联合化以及经济合理的原则，由若干分散的工厂或商店组成的法人组织。如由两个以上分公司组建的公司，由一些分店组成的连锁企业等。

第三，经济联合体。经济联合体是指由两个以上的企业在自愿互利的基础上，打破所有制、行业、部门和地区界限，本着专业化协作和合理分工的原则，进行部分或全部统一经营管理所形成的经济实体。它是一个具有法人资格的经济组织，主要形式有专业公司、联合公司、总公司和各类合资经营企业等。

第四，企业集团。企业集团是企业联合组织中最成熟、最紧密和最稳定的企业运行模式，是由两个或两个以上的企业以资产为纽带而形成的有层次的企业联合组织，其中的成员企业都是相对独立的企业法人。其特点是规模大型化，经营多元化，资产纽带化。企业集团一般分为四个层次：第一层为核心层，通常由一个或几个大企业构成，如集团公司、商业银行、综合商社等，它们对集团中其他成员企业有控股或参股行为；第二层为紧密层，一般由核心层的控股子公司构成；第三层为半紧密层，由紧密层的子公司或核心层的参股公司构成；第四层为松散层，主要是由与前三个层次的企业有协作或经营关系的企业构成，彼此无资产纽带关系，但可以有资金融通关系。

（2）按照企业规模分类。企业规模的大小，一般是按照企业的年销售额、投资额的大小、生产能力、资产总额、员工人数等指标来进行分类的，一般可以分为大型企业、中型企业和小型企业三类。

第一，大型企业。大型企业通常是市场上规模较大、拥有较高资本实力的企业。它们具有广泛的资源和市场份额，并且通常在多个地区或国家从事业务。大型企业通常拥有庞大的员工团队和复杂的组织结构，其经营范围涉及多个领域和行业。大型企业在经济中扮演着重要的角色，对就业、投资和经济发展具有重要影响力。

第二，中型企业。中型企业的规模介于大型企业和小型企业之间。它们通常具有相对稳定的经济基础和一定的市场份额。中型企业的经营范围相对较窄，可能专注于某个特定的行业或市场细分。中型企业在经济中扮演着灵活性和创新性的角色，能够更快地适应市场变化并做出决策。

第三，小型企业。小型企业通常规模较小，资源相对有限。它们的经营范围通常较窄，可能在某个特定行业或地区开展业务。小型企业在经济中具有一定的灵活性和敏捷性，能够更快地适应市场需求和变化。小型企业通常是创新和创业的主要来源，对就业和经济的发展也有重要贡献。

（二）企业组织设计的要素与内容

企业组织设计是指建立和构建一个适应企业目标和战略的组织结构和职能划分的过程。它涉及确定组织的层次结构、决策权和责任分配、部门设置以及沟通和协作机制等方面。

1. 企业组织设计的要素

（1）企业目标和战略。组织设计应该与企业的长期目标和战略一致。它需要支持企业的使命、愿景和价值观，并确保组织的结构和职能能够实现这些目标。

（2）组织结构。组织结构涉及层次关系、部门划分和职能分工等方面。它可以是功能型的（按照职能划分，如市场、销售、财务等），也可以是项目型的（按照项目需求组建临时团队）。组织结构应该能够实现高效的决策流程和沟通渠道。

（3）决策权和责任分配。组织设计需要明确各级管理层的决策权和责任。这包括确定哪些决策需要由高层管理层做出，哪些可以下放给低层管理层或员工。明确的决策权和责任分配可以提高组织的灵活性和响应能力。

（4）部门设置。部门设置涉及不同部门的职能和关系。组织设计需要考虑如何划分部门以支持协作和流程的顺畅进行。例如，市场部和销售部可以协作推进产品的市场营销和销售工作。

（5）沟通和协作机制。良好的沟通和协作机制对于组织的成功至关重要。组织设计应该确保有适当的沟通渠道和协作平台，以促进信息的流动和跨部门的协作。

（6）人员配备和发展。组织设计需要考虑人员的配备和发展。这包括确定岗位需求、招聘和选拔合适的人才，以及提供培训和发展机会，使员工能够胜任其工作。

（7）绩效评估和激励机制。组织设计应该建立绩效评估和激励机制，以激励员工的高绩效和贡献。这可以包括制定明确的绩效指标、设立奖励制度和提供晋升机会等。

总之，企业组织设计是一个复杂的过程，需要考虑多个方面来构建一个适应企业目标和战略的有效组织结构。它的目标是实现高效的决策流程、良好的沟通和协作机制，以及员工的发展和激励。

2. 组织结构设计内容

组织结构是为了完成组织目标而设计的，是指组织内各构成要素以及它们之间的相互关系。它是对组织复杂性、正规化和集权化程度的一种度量。它涉及管理幅度和管理层次的确定、机构的设置、管理职能的划分、管理职责和权限的认定及组织成员之间的相互关系等。组织结构是随着组织内外部要素的变化而变化的，在不同时期具有不同特点的企业具有不同的组织结构。

（1）组织结构的要素。组织结构的本质是组织好员工的分工与协作关系，其内涵是人们在职、责、权方面的结构体系。从组织结构的定义可以看出，它包含以下几个关键要素。

第一，管理层次和管理幅度。管理层次是指职权层级的数目，即一个组织内部，从最高管理者到最低层职工的职级、管理权力层次数量。企业管理层次的多少，表示企业组织结构的纵向复杂程度。管理幅度是指主管人员有效地监督、管理其直接下属的人数。组织中管理层次的多少，根据组织的任务量、组织规模的大小而定。管理层次与管理幅度这两个要素密切相关，管理层次与管理幅度成反比。也就是说，在组织规模给定的情况下，管理幅度增大，组织层次减少；管理幅度减少，则组织层次增多。这样管理层次就构成了组织的纵向结构。

第二，部门的组合。部门是指组织中主管人员为完成规定的任务将人员编成其有权管辖的一个特定的领域。各不同部门的组合构成了整个组织的方式。部门划分的目的是要按照某种方式划分业务，以起到最好地实现组织目标的作用。部门划分常用的方法有按人数划分、按时间划分、按职能划分、按地区划分、按服务对象划分等。各部门的组合构成了组织的横向结构。

第三，组织的运行机制。对于组织来讲，只有基本结构是远远不够的，必须通过运行机制来强化基本结构，保证基本结构意图的体现。所谓运行机制，指的是控制程序、信息系统、奖惩制度以及各种规范化的规章制度等。运行机制的建立和强化有助于更清楚地向职工表明企业对他们的要求和期望是什么。好的运行机制激励职工同心协力，为实现企业的目标而努力。也就是说，运行机制赋予企业基本结构以内容和活力。它确保了组织纵向、横向中各有机要素按照统一的要求和标准进行配合和行动，目的在于确定组织中各项任务的分配与责任的归属，以求分工合理、职责分明，从而有效地达到组织目标。

（2）组织结构设计。

第一，组织结构设计的内容。组织结构设计是一个动态的工作过程，包含了众多的工作内容。归纳起来，主要有以下几点：①确定组织内各部门和人员之间的正式关系和各自的职责——组织图与职位说明书；②规划出组织最高部门向下属各个部门、人员分派任务和从事各种活动的方式；③确定出组织对各部门、人员活动的协调方式；④确立组织中权力、地位和等级的正式关系，即确立组织中的职权系统。

第二，组织结构设计的考虑。组织结构设计可能有三种情况：①新建的企业需要进行组织结构设计；②原有组织结构出现较大的问题或企业的目标发生变化，比如企业经营机制转换后，原有企业组织结构须重新评价和设计；③组织结构须进行局部的调整和完善。

第三，组织设计的程序。组织设计是一个动态的工作过程，包含了众多的工作内容。科学地进行组织设计，要根据组织设计的内在规律有步骤地进行，才能取得良好的效果。

确定组织设计的基本方针和原则。这是指根据企业的任务、目标以及企业的外部环境和内部条件，确定企业进行组织设计的基本思路，规定一些组织设计的主要原则和主要维度。

进行职能分析和职能设计。这一步骤的内容包括：确定为了完成企业任务、目标而需要设置的各项经营职能和管理职能，明确其中的关键性职能；不仅要确定全公司总的管理职能及其结构，而且要分解为各项具体的管理业务和工作：在确定具体的管理业务时，还应进行初步的管理流程总体设计，以优化流程，提高管理工作效率。

设计组织结构的框架。设计承担这些管理职能和业务的各个管理层次、部门、岗位及其权责，是组织设计的主体工作。框架设计可以有以下两种方法：

①联系方式的设计。这一步骤是设计上下管理层次之间、左右管理部门之间的协调方式和控制手段。联系方式的设计工作非常重要。如果说框架设计的重点在于把整个企业的经营管理活动分解成各个组成部分，那么，此设计就是要把各个组成部分联结成一个整体，使整个组织结构能够步调一致地、有效地实现企业管理的整体功能。

②管理规范的设计。这一步骤是在确定了组织结构的框架及联系方式的基础上，进一步确定各项管理业务的管理工作程序、管理工作应达到的要求（管理工作标准）和管理人员应采用的管理方法等。

人员配备和训练管理。完成上一步任务后，组织结构本身的设计工作可以说已经完成。但是组织结构最终要通过人来实施和运行，所以组织结构运行的一个重要问题是配备相应的人员。一般来说，结构设计时先暂不考虑企业现有人员的具体情况，而是在设计实施时按设计要求的数量和质量配备各类人员。

各类运行制度的设计。组织结构的正常运行还需要有一套良好的运行制度来保证，这一步工作包括管理部门和管理人员的绩效评价和考核制度。管理人员的激励制度，包括了精神激励和物质激励，如管理人员的奖惩制度、工资和奖励制度及人员补充和培训制度等。

反馈和修正。在组织结构运行的过程中，会发现前述步骤中尚有不完善的地方，新的情况也会不断出现，这就要求对原设计作出修改。因此，企业要将组织结构运行中的各种信息反馈到前述各个环节中去，定期或不定期地对原有组织设计作出修正，使之不断完善，不断适应新的情况。

二、企业组织行为

企业组织行为是指在组织内部，员工之间以及员工与组织之间的行为和互动方式。它关注的是个体和群体在组织环境中的行为、决策过程、沟通方式和组织文化等方面。

（一）企业组织行为的特征

企业组织行为是指企业内部成员的行为方式和相互关系的总体表现。它涉及企业的组织结构、沟通流程、决策方式、领导风格等方面，展现了企业内部的特定特征。下面将探讨企业组织行为的主要特征。

第一，企业组织行为具有目标导向性。企业追求利润最大化和长期生存，因此组织行为的核心是实现企业的目标。这涉及员工的工作动机、目标设定和绩效评估等因素，以确保员工的行为与企业的目标保持一致。

第二，企业组织行为是系统性的。企业是一个由各个部门和岗位组成的复杂系统，各个部门和岗位之间相互依赖、相互制约。组织行为的改变会对整个系统产生影响，因此需要综合考虑各个方面的因素，并采取综合性的管理方法。

第三，企业组织行为具有社会性。企业是社会的一部分，它与内部员工、外部利益相关者以及社会环境相互作用。组织行为的特征受到社会文化、价值观念和法律法规等因素的影响，企业需要在这些方面建立良好的关系和平衡。

第四，企业组织行为是动态变化的。企业面临着不断变化的外部环境和内部条件，组织行为需要不断适应和调整。这包括对市场变化的敏感性、创新能力的培养以及灵活的组织结构和管理方式的建立，以应对不断变化的挑战。

第五，企业组织行为具有个体差异性。不同的企业在组织行为上可能存在差异，这与企业的规模、行业特点、文化背景等有关。同时，企业内部的员工也具有个体差异，这意味着他们在组织行为上的态度、价值观和行为方式可能存在差异，需要适应和管理这些差异。

总之，企业组织行为的特征包括目标导向性、系统性、社会性、动态变化性和个体差异性。了解并应对这些特征可以帮助企业有效管理和提升组织绩效，进而实现长期的可持续发展。

（二）企业组织行为的类型

第一，层级型组织行为。层级型组织行为是指组织内成员按照一定的层级结构和规则进行，明确的权力和责任等级分配。在这种组织行为中，各个部门和个人在组织中扮演着不同的角色和职责。高层管理者制定决策并传达指示，而下属则负责执行任务。这种组织行为有助于确保组织内部的秩序和协调。

第二，团队型组织行为。团队型组织行为是指组织内成员通过协作和合作来实现共同目标的方式。在这种组织行为中，工作被组织成小组或团队，成员之间分享知识、技能和资源，共同解决问题和完成任务。团队型组织行为有助于促进创新、提高工作效率和团队凝聚力。

第三，网络型组织行为。网络型组织行为是指组织通过建立和维护跨组织界限的合作关系来实现目标。这种组织行为强调与外部合作伙伴的联系和互动，包括供应商、客户、合作伙伴等。网络型组织行为有助于拓展组织的资源和市场，提高竞争力和创新能力。

第四，弹性型组织行为。弹性型组织行为是指组织对变化作出快速响应和适应的能力。这种组织行为强调灵活性和适应性，能够迅速调整组织结构、流程和资源配置，以适应环境变化和市场需求。弹性型组织行为有助于提高组织的适应性、创新能力和竞争力。

第五，学习型组织行为。学习型组织行为是指组织通过持续学习和知识创造来适应不断变化的环境。这种组织行为鼓励成员之间的知识分享、反思和实践，以不断提高组织的学习能力和创新能力。学习型组织行为有助于培养组织内部的学习文化和知识管理体系，提高组织的竞争力和可持续发展能力。

这些是企业组织行为的几种常见类型。每种类型都有其特点和适用场景，组织可以根据自身的需求和目标选择适合的组织行为类型，以实现持续发展和成功。

（三）企业组织行为的作用

企业组织行为在企业中起着至关重要的作用，以下是企业组织行为的主要作用。

第一，提高工作效率。企业组织行为通过明确员工的角色和职责，促进工作的合理分工和协作，从而提高整体工作效率。良好的组织行为可以确保任务的高效完成，减少时间和资源的浪费。

第二，增强员工满意度。组织行为通过创建积极的工作环境和文化，提供员工发展和成长的机会，增加员工的工作满意度。员工在满意的工作环境中更倾向于做出更多努力，对企业更忠诚，并积极参与组织的目标实现。

第三，促进团队合作。组织行为能够培养员工之间的良好合作关系和团队精神。它通过建立沟通渠道、激发员工参与和分享知识的意愿，帮助员工互相支持、相互协作，共同完成团队和组织的目标。

第四，促进创新和变革。企业组织行为在鼓励创新和变革方面发挥着重要作用。它通过提供开放的学习和创造性思维环境，鼓励员工提出新的想法、解决问题和改进工作流程，从而推动组织的创新和发展。

第五，建立良好的领导力。组织行为有助于塑造和培养良好的领导力。通过培训和发展领导者的技能和素质，组织行为可以帮助领导者更好地理解员工需求、激励员工、做出明智决策，并为组织提供有效的指导和方向。

第六，促进员工发展。企业组织行为通过提供培训和发展机会，帮助员工不断提升自己的技能和知识，实现个人职业发展。这不仅对员工个人有益，还能增强组织的竞争力和可持续发展能力。

第七，塑造企业文化。组织行为对于塑造企业文化起着重要的作用。它通过规定价值观、行为准则和规范，帮助形成企业独有的文化氛围和认同感，进而影响员工的行为和决策，塑造企业的形象和声誉。

总之，企业组织行为在提高工作效率、增强员工满意度、促进团队合作、促进创新和变革、建立良好的领导力、促进员工发展以及塑造企业文化等方面发挥着重要的作用。合理管理和引导组织行为能够帮助企业实现持续的发展和成功。

第四节　企业经济发展与管理创新

一、企业经济发展对企业管理的积极影响

"随着经济和科技的不断发展，有效地促进了我国市场经济和企业经济管理的进步，市场经济和企业经济是我国市场经济体制中的重要组成部分，对于我国的企业经济管理具有重要的作用，而且通过良好的管理方式能够有效地提升我国的经济发展。"[①] 企业经济发展对企业管理有许多积极影响，具体如下。

第一，资源优化。企业经济发展意味着企业收入和利润增加，使企业能够更好地配置

---

① 　何丽. 关于企业经济管理构成要素的探讨 [J]. 全国流通经济，2020（2）：96-97.

和优化资源。这包括资金、人力资源、技术和设备等。通过更好地管理这些资源，企业能够提高效率和生产力，实现更高的绩效和利润。

第二，技术创新。企业经济发展通常与技术进步和创新密切相关。随着经济的发展，企业往往会投入更多的研发和创新活动，以提高产品和服务的质量、效率和竞争力。这种技术创新对企业管理具有积极影响，促使企业采取更先进的管理方法和工具，以适应市场变化并保持竞争优势。

第三，员工激励和发展。企业经济发展通常提供更多的机会和资源来激励和发展员工。随着企业利润的增加，企业可以提供更好的薪酬和福利待遇，改善员工的工作条件。同时，企业经济发展也会带来更多的晋升和培训机会，使员工能够不断学习和成长，提高其工作技能和专业知识。

第四，扩大市场份额。企业经济发展使企业有更多的机会扩大其市场份额。随着经济的增长，市场规模和需求也会增加。企业经济发展可以使企业在市场竞争中获得更多的机会，进一步扩大其市场份额。这种扩大市场份额的机会可以通过开拓新市场、推出新产品或服务以及增加市场营销和销售活动来实现。

第五，品牌价值提升。企业经济发展有助于提升企业的品牌价值和声誉。当企业在经济中取得成功并实现持续增长时，其品牌形象和声誉通常也会得到提升。这种提升可以为企业带来更多的商业机会和合作伙伴，同时也增加了企业的吸引力，使其能够吸引更好的人才和资源。

总体而言，企业经济发展对企业管理具有积极影响，包括资源优化、技术创新、员工激励和发展、市场份额扩大以及品牌价值提升。这些影响相互关联，并为企业提供了更好的机会来实现长期的可持续发展。

二、企业经济管理的功能

第一，规划功能。企业经济管理的首要功能是制定规划。通过对内外环境的分析和预测，企业可以确定长期和短期的目标，并制订相应的战略和计划。规划功能能够帮助企业确定发展方向，合理配置资源，并提前做好准备，以应对变化和挑战。

第二，组织功能。企业经济管理还包括组织功能。将人力、物力和财力等资源进行合理组合和配置，建立适应企业目标的组织结构。通过合理的组织设计，企业能够形成有效的工作流程，提高工作效率，实现资源的最优利用。

第三，指导功能。企业经济管理在实施过程中还具有指导功能。这包括制定具体的工作方针、制度和标准，明确员工的职责和权利，并提供必要的培训和指导。指导功能可以确保员工按照企业的要求和期望开展工作，提高整体绩效和质量。

第四，控制功能。企业经济管理的控制功能是确保企业按照既定的计划和目标进行运营。这包括制定合理的绩效评估体系，建立监测和反馈机制，及时发现和纠正偏差，并采取必要的措施保持良好的经营状态。控制功能有助于提高企业的运作效率，减少资源浪费，确保企业的可持续发展。

第五，协调功能。企业经济管理还涉及协调功能，它包括各部门之间和各层级之间的协调。协调功能有助于实现部门间的合作，促进信息的流动和共享，协调不同目标之间的冲突，以达到整体的协同效应。协调功能有助于提高企业内部的沟通和合作，提升整体竞争力。

总之，企业经济管理的功能包括规划、组织、指导、控制和协调。这些功能相互作用，共同为企业的经济目标的实现提供支持。通过有效的经济管理，企业能够更好地应对市场竞争，提高经济效益，实现可持续发展。

三、企业经济管理的创新发展

（一）企业经济管理创新的必要性

经济管理的创新是全方位的，既有企业管理理念、危机意识方面的构建和创新，更有制度方面的完善和变革，只有真正做到现代化的、全方位的自身管理制度革新，才能够适应新的市场环境。企业经济管理创新的必要性体现在以下几个方面。

第一，企业经济管理创新可以提高企业的竞争力和市场适应性。随着全球市场的扩大和竞争的加剧，企业必须能够快速反应并适应市场变化。通过引入创新的管理方法和策略，企业能够更好地预测和满足消费者需求，提供独有的产品和服务，并迅速调整业务模式以应对市场竞争。

第二，企业经济管理创新可以提高企业的效率和生产力。随着技术的不断进步，许多传统的管理方法和流程已经变得过时和低效。通过引入新的管理工具和技术，如数字化、人工智能和大数据分析，企业能够实现业务流程的自动化和优化，提高工作效率，降低成本，并实现更高水平的生产力。

第三，企业经济管理创新可以促进组织内部的协作和创新能力。传统的管理模式往往以层级和部门为基础，导致信息孤立和创新受阻。而创新的管理方法强调跨部门合作、团队协作和知识共享。通过打破组织内部的壁垒，企业能够更好地利用内部人才和资源，激发创新的想法和解决问题的能力，推动企业的持续发展。

第四，企业经济管理创新还可以提高企业的风险管理能力。商业环境的不确定性意味着企业面临着各种风险和挑战，如市场波动、政策变化、自然灾害等。通过创新的管理方法，企业能够更好地识别、评估和管理风险，制定灵活的战略应对措施，降低风险带来的负面影响，并保护企业的利益和稳定发展。

第五，企业经济管理创新可以促进可持续发展和社会责任。在当今社会，可持续发展已成为企业成功的关键要素之一。创新的管理方法可以帮助企业更好地整合经济、环境和社会的因素，推动企业实现可持续的经济增长，并履行社会责任。通过采取环保措施、推动社会公益活动和建立良好的企业道德规范，企业能够树立良好的企业形象，增强消费者和利益相关者的信任和支持。

总之，企业经济管理创新对于企业的发展和成功至关重要。它可以提高企业的竞争力和市场适应性，提高效率和生产力，促进内部协作和创新能力，加强风险管理能力，实现可持续发展和社会责任。因此，企业应积极投资和推动经济管理创新，不断适应和引领变化，保持在竞争激烈的商业环境中的竞争优势。

（二）企业经济管理创新的环节

第一，经济管理的观念创新是基础。经济管理必须紧密结合市场的发展变化和企业现实的特点，要在观念上树立与时俱进的意识。①管理层要树立创新是核心的意识，就是要求企业管理层要将创新作为企业管理的重点，将创新作为考评员工工作质量的重要依据，为其提供良好的外部环境。②工作人员树立创新是职责的意识，就是要培养其创新的内在动力，使其随时改进管理模式、创新工作方法作为工作的重要职责，加以贯彻落实。安员工要树立创新是义务的意识，就是要积极鼓励普通员工加入企业经济管理创新的活动中，集思广益，实现企业经济管理质量的提升。

第二，经济管理的技术创新是保障。要发挥当前科技进步的优势，将电脑、网络、自动化平台等先进的设备加入经济管理活动中。①建立完善的管理数据库。企业经济管理涉及企业的方方面面，因此建立完善的数据库能够有效地提高管理的质量和效益，为管理人员提供精确的数据，促进管理质量的提高。②建立亲民的管理平台。要建立科学的互动平台，能够让员工有通畅的渠道反映问题、提出建议，为经济管理工作的改进提供支持，如建立企业论坛、聊天群等模式。

第三，经济管理的组织创新是关键。组织模式代表了一种对资源的配置方式，包括对人、财、物资源及其结构的稳定性安排。特别是在当前信息量大、市场变化剧烈的环境下，如何建立适应市场要求，满足企业发展需要的管理组织模式就成了企业经济管理创新的关键。具体策略如下：①建立精干的管理组织，就是要通过职能分工细化等方法，结合先进的科技手段建立精干的管理组织体系，摆脱传统的机构臃肿、人浮于事的问题。②培养核心的团队精神，就是要通过企业文化的影响、管理结构的改变，提高企业管理人员的凝聚力、向心力，形成企业经济管理的合力，为创新的落实提供可靠保证。③树立高效的组织形式，就是通过分工合作、责任追究等方法，促进企业管理模式的改变，建立高效、务实的管理特点。

第四，经济管理的人才培养是核心。①加强现有人员的培养。对企业现有的经济管理人员可以通过在职培训、脱岗培训等方式，提升其素质，将创新的观念渗透其思想，促进管理质量提高。②提高新进人员的素质。在对新进人员的招录方面，提高标准，改变传统的以学历为条件的方法，对其创新能力、综合素质进行考核。要科学规划人员的发展。企业要为经济管理人员的发展提供保障，在岗位设置、薪酬等方面给予保证。

（三）现代企业经济管理的创新策略

1. 理念创新

企业经济管理理念的创新是由思想观念的转变和思想理念的创新引导的。为了正确理解和贯彻企业经济管理理念创新的概念，企业需要不断推陈出新，发展新的经营理念和战略，以适应市场变化。这包括引入和贯彻以客户为中心、可持续发展、创新驱动等理念，以确保企业保持竞争力。

倡导理念创新是企业的重要任务，将其视为经济管理创新的基础，其他管理创新机制都应以理念创新为指导。企业经济管理理念创新不仅纠正了陈旧过时的思维模式，还通过独有的视角、思维方法、管理机制为企业经济管理创新提供指导，树立创新管理与科学管理的理念，真正实现创新管理，使企业的生产经营在理念创新的道路上不断前进。

要实现经济管理的创新，企业要创新自身的经济管理理念。只有掌握现代的管理理念，企业才能更好地引领员工进行创新活动。企业高层领导应重视这一点，可以在企业内部营造积极向上的创新环境，让所有员工在创新氛围中积极学习和创新，掌握必要的创新知识和能力。在当前市场经济发展的新形势下，企业面临越来越大的竞争压力，因此应建立危机意识并制定战略管理机制，从市场环境出发，综合考虑企业当前存在的实际问题，实现整体规划。

2. 制度创新

企业要实现管理，离不开企业制度的支持，企业在经济管理创新中，也受到了企业管理制度的制约。制度创新是指对企业内部管理制度和外部市场规则的创新。企业可以通过建立灵活的组织结构、优化决策流程和激励机制，推动创新和高效运作。同时，积极参与和引导相关行业的规则制定和变革，以适应市场的需求和趋势。因此，企业要实现经济管理的创新，就要加强对企业经济管理制度的创新。坚持以人为本的人性化管理机制，为企业员工创造良好的发展条件，加强对人力资源管理的重视，完善人力资源管理制度，建立健全的监督机制和决策机制，并让企业所有员工都积极参与进来，调动员工工作的积极性。

3. 组织创新

组织创新包括推动创新文化、建立创新团队和提升组织的学习和适应能力。企业应鼓励员工提出新的想法和创新方案，并为其提供必要的培训和资源支持。此外，构建跨部门合作和信息共享的平台，促进团队协作和知识转移。在企业经营发展的过程中，经济管理组织在其中也发挥着巨大的作用，实施有效的经济管理组织可以提高企业经济管理效益。因此，企业要认识到企业经济管理组织模式的重要性，加强对经济管理组织模式的创新。①在管理组织的建设上，要实施柔性化的管理方式，促进管理组织的多样化；②实现企业经济管理模式的扁平化，简化企业组织层次，提高企业经济管理效益；③促进虚拟化管理机制的建立，借助先进的计算机技术对经济管理组织进行合理的规划，实现对经济管理信息的整合，从而建立起一种无形的经济管理机制，促进企业经济的发展。

4. 技术创新

随着科技的快速发展，企业可以通过引入新技术、研发新产品或服务来实现经济管理的创新。技术创新已经成为企业成功的关键要素之一，它对企业的发展和可持续竞争优势具有重要影响。

（1）现代企业经济管理的技术创新在信息技术方面发挥了巨大作用。信息技术的不断进步和应用，使企业能够更好地收集、存储、处理和利用信息，提高决策的准确性和效率。例如，企业可以利用大数据分析技术挖掘客户需求和市场趋势，以便更好地制订营销策略和产品开发计划。此外，云计算、物联网和人工智能等技术也为企业提供了更高效的生产和管理方式，促进了工作流程的自动化和智能化。

（2）技术创新在生产流程方面发挥了重要作用。现代企业通过引入先进的生产技术和自动化设备，实现生产过程的高效、精确和灵活。自动化生产线、机器人和3D打印等技术的应用，提高了生产效率，降低了人力成本，并提供了更好的产品质量控制。此外，一些企业还在生产过程中采用可持续发展的技术创新，如清洁能源和环境友好型材料，以减少对环境的影响，实现可持续发展目标。

（3）技术创新在供应链管理方面也发挥了重要作用。企业可以利用物流管理系统和供应链协同技术，实现供应链的高效运作和资源优化。通过物流追踪系统和实时数据共享，企业可以更好地掌握物流运输状态和库存信息，减少运输时间和库存成本。此外，供应链中的物联网技术和区块链技术也为企业提供了更好的供应链可见性和风险管理方式。

（4）技术创新在市场营销方面也具有重要意义。互联网和社交媒体的快速发展，改变了企业与消费者之间的互动方式和市场营销手段。企业通过网络平台和移动应用程序，可以与消费者进行更直接、个性化的沟通和交流，了解他们的需求和偏好，提供更好的产品和服务。此外，数字营销和电子商务技术的应用，使企业能够实现全球市场的拓展和销售渠道的多样化。

总之，现代企业经济管理的技术创新在各个方面都起到了积极的推动作用。通过不断引入和应用新技术，企业可以提高效率、降低成本、创造价值，并在激烈的市场竞争中获得持续的竞争优势。因此，企业应密切关注技术创新的发展趋势，积极应对挑战，不断适应和引领科技进步，以实现可持续发展和长期成功。

5. 开放创新

企业可以与外部合作伙伴、供应商、客户和科研机构建立合作关系，采用开放创新模式，共同开发新产品、新技术和新市场。开放创新是一种以外部合作和知识共享为基础的管理理念，它追求通过与外部实体进行合作，引入新的思想、技术和资源，以促进企业的创新和竞争力。

（1）开放创新鼓励企业与各种利益相关者建立合作关系。这包括与供应商、客户、大学研究机构、初创企业以及其他行业和地区的合作伙伴进行合作。通过与这些实体进行合作，企业可以获得来自不同领域和专业的知识和技能，拓宽思维，从而创造出更具创新性的解决方案。

（2）开放创新倡导知识共享和开放式创新平台的建立。现代企业越来越意识到，将内部创新与外部创新相结合，可以加快创新过程并降低成本。通过开放创新平台，企业可以与外部创新者进行交流和合作，分享知识和经验，共同解决问题。这种开放性的创新模式有助于打破组织内部的壁垒，促进跨部门、跨组织的协同创新。

（3）开放创新也鼓励企业从传统的封闭式研发模式转向更加开放的创新生态系统。企业通过开放自己的技术平台、数据和接口，吸引外部创新者参与到其生态系统中，从而实现技术和市场的互补。这种开放式的创新生态系统可以促进技术的迭代和进化，加快产品和服务的推出速度，并增加企业的市场份额。

（4）开放创新在现代企业经济管理中强调灵活性和适应性。随着科技的快速发展和市场需求的变化，企业需要能够及时调整自身的战略和业务模式。开放创新为企业提供了更多灵活性，使其能够更好地适应不断变化的环境，并及时捕捉到新的商机。

总之，现代企业经济管理的开放创新在促进创新、增强竞争力和适应性方面发挥着重要作用。通过与外部实体的合作、知识共享和开放式创新平台的建立，企业可以获得更多资源和创新思维，推动其持续发展并在竞争激烈的市场中脱颖而出。

6. 领导力创新

领导力创新在现代企业经济管理中起着重要的作用。领导者需要鼓励员工提出新想法、接受冒险并尝试新的方法。他们应该激励团队成员发挥创造力，并为他们提供支持和资源。

（1）现代企业经济管理的领导力创新体现在领导者的战略思维和前瞻性决策上。领导者需要具备广阔的视野和敏锐的市场洞察力，能够准确判断市场趋势和未来发展方向，以便及时调整企业战略并制定相应的经营策略。

（2）现代企业经济管理的领导力创新还要求领导者具备开放的沟通和协作能力。在信息爆炸和全球化的时代，企业管理者需要能够有效地与内外部利益相关者进行沟通和合作，促进知识共享和团队合作，以推动企业的创新和发展。

（3）现代企业经济管理的领导力创新还强调领导者的人才管理和激励能力。在人才稀缺的竞争环境中，企业管理者需要善于发现、吸引和留住优秀的人才，并为他们提供良好的工作环境和发展机会，激发其潜力和创造力，从而提高企业的绩效和竞争力。

（4）现代企业经济管理的领导力创新还需要领导者具备适应变革和风险管理的能力。现代商业环境充满了不确定性和风险，领导者需要能够快速适应变化，灵活应对挑战，并制定相应的风险管理策略，以确保企业的可持续发展和成功。

总之，现代企业经济管理的领导力创新要求领导者具备战略思维、开放的沟通和协作能力、人才管理和激励能力，以及适应变革和风险管理的能力。只有不断创新和提升领导力，企业才能在激烈的市场竞争中脱颖而出，实现持续的增长和成功。

7. 用户体验创新

关注用户体验是现代企业的重要策略之一。通过研究用户需求、倾听用户反馈并不断改进产品和服务，企业可以提供独有的用户体验，树立品牌形象，获得竞争优势。

现代企业经济管理的用户体验创新是指在商业运营中，企业不仅关注产品或服务本身的质量和效能，更加重视满足用户需求和提供优质体验的能力。传统的企业管理模式强调生产效率和成本控制，但在当今竞争激烈的市场环境中，用户体验成为企业赢得用户忠诚度和市场份额的关键因素。

（1）现代企业经济管理的用户体验创新体现在产品或服务的设计和开发上。企业需要深入了解用户的需求和偏好，以用户为中心进行产品或服务的设计，提供符合用户期望的功能、性能和外观。通过不断改进产品或服务的用户体验，企业能够提高用户满意度，并在市场中获得竞争优势。

（2）现代企业经济管理的用户体验创新还要求企业在销售和客户服务过程中注重用户体验。企业需要建立高效、便捷和个性化的销售渠道和客户服务体系，提供个性化的购物体验和专业的售后服务，以满足用户的需求并增强用户的忠诚度。

（3）现代企业经济管理的用户体验创新还强调企业与用户之间的互动和沟通。企业需要积极倾听用户的反馈和建议，及时回应用户的需求，以不断改进和优化产品或服务，使用户感受到被关注和重视，建立良好的用户关系。

（4）现代企业经济管理的用户体验创新还需要企业关注用户在整个消费过程中的情感体验。企业可以通过情感化的营销手段和品牌塑造，营造积极、愉悦和独有的用户体验，使用户在使用产品或享受服务的过程中产生情感共鸣，从而增强用户的忠诚度和口碑传播。

总之，现代企业经济管理的用户体验创新要求企业在产品或服务设计、销售和客户服务、互动沟通以及情感体验等方面不断提升用户体验，以满足用户需求、增强用户忠诚度，并在竞争激烈的市场中取得成功。通过关注用户体验创新，企业能够实现与用户的紧密连接，建立良好的品牌形象，从而实现可持续的发展和竞争优势。

8. 数据驱动的决策

现代企业经济管理的数据驱动的决策是指企业在决策过程中充分利用和依赖数据分析和信息技术，以数据为基础进行决策和战略规划的管理方法。在当今信息时代，企业所面临的数据量日益庞大，而利用这些数据进行决策能够帮助企业更准确地了解市场趋势、客户需求和内部运营状况，从而做出更明智和有针对性的决策。

（1）现代企业经济管理的数据驱动的决策需要企业建立健全的数据收集和管理系统。企业需要通过各种渠道和工具收集大量的内部和外部数据，并利用先进的信息技术手段对这些数据进行整理、存储和分析，以确保数据的质量和可靠性。

（2）现代企业经济管理的数据驱动的决策要求企业具备数据分析和挖掘的能力。企业需要拥有专业的数据分析师和相关技术人员，能够运用统计学、机器学习和人工智能等技术，对数据进行深度挖掘和分析，从中发现隐藏的规律和趋势，并将其转化为有价值的洞察和决策支持。

（3）现代企业经济管理的数据驱动的决策还需要企业领导层的理解和支持。企业领导者需要重视数据的重要性，推动数据驱动的决策文化的建立，并将数据分析结果纳入决策过程，确保决策的科学性和可靠性。

（4）现代企业经济管理的数据驱动的决策还强调决策的持续优化和反馈。企业需要建立反馈机制，监控和评估决策的执行效果，并根据反馈结果不断调整和改进决策策略，实现决策的持续优化和提升。

总之，现代企业经济管理的数据驱动的决策要求企业建立健全的数据收集和管理系统，拥有数据分析和挖掘的能力，领导层的理解和支持，以及决策的持续优化和反馈机制。通过充分利用数据进行决策，企业能够更准确地洞察市场和业务运营的情况，制定更具针对性和可行性的决策，从而提高企业的竞争力和业绩表现。

9. 可持续发展创新

企业可以通过推动可持续发展创新来实现经济管理的创新。现代企业经济管理的可持续发展创新是指企业在经济管理中采取创新性措施，在实现经济增长和利润增加的同时，积极追求环境保护和社会责任的目标。传统的经济管理模式主要关注短期经济利益，而可持续发展创新要求企业在经营过程中综合考虑经济、环境和社会的影响，以推动社会的长期繁荣和可持续发展。

（1）现代企业经济管理的可持续发展创新体现在环境保护方面。企业需要积极关注和减少自身的环境影响，采取节能减排、资源循环利用和环境治理等措施，减少对环境的负面影响，推动生产和经营的可持续性。

（2）现代企业经济管理的可持续发展创新要求企业关注社会责任。企业需要尊重人权、劳工权益和社会公正，推动员工福利和职业发展，关注社区发展和公益事业，积极参与社会公众利益的实现，为社会做出积极贡献。

（3）现代企业经济管理的可持续发展创新还强调商业模式的转变。企业需要从传统的线性经济模式转向循环经济模式，推动资源的有效利用和再生利用，减少浪费和污染，实现经济增长与资源消耗的分离，为未来的可持续发展奠定基础。

（4）现代企业经济管理的可持续发展创新还需要企业在战略规划和决策过程中充分考虑可持续发展的因素。企业需要将可持续发展纳入核心战略，制定并实施相应的目标和指标，建立监测和评估机制，以确保可持续发展战略的有效实施和持续改进。

总之，现代企业经济管理的可持续发展创新要求企业在环境保护、社会责任、商业模式转变和战略决策等方面进行创新。通过积极推动可持续发展，企业能够实现经济增长的同时，保护环境、关注社会，为社会的繁荣和可持续发展做出积极贡献。这种可持续发展创新不仅符合企业的长期利益，也对整个社会和地球的可持续发展具有重要意义。

第二章

不同经济模式下的企业经济管理

第一节　市场经济模式中的企业经济管理

一、市场经济的发展

市场经济，是指通过市场配置社会资源的经济形式。市场经济为我国大型企业带来诸多便利，这些经济特性使大型企业获得了前所未有的发展机遇，使其发展速度极为迅猛。

（一）市场经济的含义

市场经济是商品经济的高级阶段，是社会经济发展不可逾越的历史阶段。从社会经济运行的角度看，人类社会经济形势发展的总趋势是从自然经济过渡到市场经济，再由市场经济过渡到未来计划经济。市场经济必然代替自然经济，商品经济的初级形式必然发展到商品经济的高级形式，这是历史已经证明了的事实。

第一，市场经济注重自由竞争和个体自主性。在市场经济中，个体和企业有权自主决定生产、投资和消费行为。市场经济鼓励各方参与者在公平竞争的基础上追求利益最大化，通过供求关系形成价格信号，引导资源的有效配置和经济的良性发展。

第二，市场经济强调产权保护和法治环境。市场经济需要有健全的法律体系和法治环境，以保障产权的明确、公正和有效。产权保护是市场经济的基石，它鼓励个体和企业投资创新，承担风险并享受收益，促进资源的有效配置和经济的稳定增长。

第三，市场经济倡导市场的开放与竞争。市场经济鼓励国内外企业的自由进入和退出，推动市场的竞争，提高产品和服务的质量和效率。市场开放有助于引入外部资源和技术，促进产业结构的优化升级，增强国际竞争力。

第四，市场经济强调效率和效益。市场经济通过价格机制和供求调节，推动资源的高效配置和利用，提高生产效率和资源利用效率。市场经济鼓励创新和技术进步，促进经济的增长和发展，为个体和企业创造更多的机会和福利。

第五，市场经济需要政府的引导和监管。虽然市场在资源配置中起主导作用，但政府在市场经济中仍扮演着重要的角色。政府应制定并执行相关法律法规，维护市场秩序和公平竞争，防范市场失灵和不正当行为。政府还应提供公共产品和服务，促进社会公平和福利。

总之，市场经济是一种基于市场机制和自由竞争的经济体制。它强调自主性、产权保护、开放与竞争、效率与效益，并需要政府的引导和监管。市场经济的实践证明，它能够促进资源的优化配置、经济的增长和社会的进步。

（二）市场经济的引入效果

"市场经济作为我国经济体制的重要组成部分，具有独有的竞争性，在促进经济发展方面发挥着至关重要的作用。"[1] 中国的市场经济探索之所以会成功，有其特别之处。

第一，所有制方面。我国是将公有制作为主体，与此同时还鼓励多种其他所有制经济的共同发展，这种经济体制允许多种所有制共同发展也是为了发展经济，激发市场活力。

第二，生产目的方面。我们实施市场经济主要是为了发展经济，最终的目标是要达到共同富裕，市场经济只是作为发展经济的一种手段存在。这种为多数人谋利的经济运行方式必然会被人们所接受，这是我国市场经济得以成功的关键，也是我国市场经济的一大特色。

第三，党的领导方面。中国共产党始终走在时代的前列，在 20 世纪 80 年代就提出发展社会主义市场经济，并在实践中不断探索如何既坚持社会主义制度又推动经济的快速发展，在实践中，我们选择了走具有中国特色的社会主义市场经济。正是在党的领导下，全国各族人民才能以强大的凝聚力突破种种困难，推进我国经济的快速发展。

第四，社会保障方面。我国实行社会主义市场经济过程中并未背离社会主义的本质，我国实行社会保障更多的是一种内在要求，尽管我国社会保障程度还不高，但随着我国经济实力的总体提升，社会保障也将会更加完善。

第五，政府宏观调控方面。随着我国市场经济的逐步深入，我国探索出了具有中国特色的市场经济发展模式。首先，市场经济是发展经济的手段，我们要遵循市场经济运行规律，只有这样才能更好地利用规律，让经济为我们服务而不是受市场主导。其次，政府在

---

[1]　李佳琪. 基于市场经济为基础的公共管理职能浅析 [J]. 商业观察，2022（28）：65.

市场经济中起着调控作用,在市场经济运行中需要发挥政府应有的作用。从而使"两个手"共同发挥在经济发展中的作用。

(三)市场经济的特征

市场经济是一种经济体制,其特征主要体现在以下几个方面。

第一,市场经济强调供求关系的决定作用。在市场经济中,商品和服务的生产、分配和交换都是由市场机制自发完成的。供需关系的变化将直接影响价格和资源配置。市场通过价格信号传递资源配置的需求,使得企业和个人能够根据市场需求调整生产和消费行为。

第二,市场经济具有私有财产权的保护。私有财产权在市场经济中被广泛尊重和保护,个体和企业有权拥有、支配和转让自己的财产。这种保护鼓励个人和企业进行创新及投资,从而推动经济增长。

第三,市场经济注重竞争。市场经济的核心是竞争机制,通过竞争可以提高产品质量、降低价格和促进创新。企业之间的竞争驱使它们不断改进生产效率和产品质量,以吸引消费者。

第四,市场经济追求自由的市场环境。市场经济主张由市场决定资源配置。市场经济条件下,政府的角色主要是制定和执行法律、维护公平竞争的市场秩序、提供公共产品和服务等,以保障市场运作的公正和有效。

第五,市场经济强调个人的自主选择和自由决策。个人和企业在市场经济中享有自由选择的权利,可以根据自身的需求和意愿决定生产和消费行为。市场经济鼓励个人追求自己的利益,并认为通过追求个人利益最大化,可以实现整体经济福利的提升。

总之,市场经济的特征包括供求关系的决定作用、私有财产权的保护、竞争机制的推动、自由的市场环境和个人的自主选择。这些特征使市场经济成为一种高效、灵活和具有自我调节能力的经济体制。

(四)市场经济的类型

市场经济可分为自由市场经济、国家市场经济和世界市场经济。

第一,自由市场经济。自由市场经济是指市场机制在资源配置中起主导作用,个人和企业享有较高程度的经济自由和自主决策权。政府在自由市场经济中的干预相对较少,主要是提供公共物品和服务、制定和维护市场规则、保护产权等方面。自由市场经济的代表国家是美国和一些西方国家。

第二，国家市场经济。国家市场经济是指政府在市场经济中扮演更积极角色的经济体制。政府在资源配置中发挥更大的作用，通过宏观调控、产业政策和经济计划等手段来引导和管理经济发展。国家市场经济强调公平性和社会稳定，并通过政府的干预来纠正市场失灵和不平等现象。中国是国家市场经济的典型代表。

第三，世界市场经济。世界市场经济是指全球范围内市场的相互联系和互动，各国之间通过贸易和资本流动实现经济交流和合作。在世界市场经济中，国家之间进行跨境贸易、投资和技术转移，形成全球供应链和市场网络。世界市场经济的发展促进了国际合作和经济全球化。国际贸易组织如世界贸易组织等起到促进和规范世界市场经济的重要作用。

总之，市场经济的发展，为国家带来了稳定的经济增长、就业机会和财富的广泛分配。同时，它也推动了科技创新和产业升级，提高了国家的竞争力和国际影响力。通过对外开放和国际合作，中国社会主义市场经济的发展也为世界经济的繁荣和稳定做出了积极贡献。

二、市场经济发展下的企业经济管理原则

第一，柔性化。市场经济发展背景下，企业经济管理应贯彻柔性化原则。在柔性化原则指导下，企业应高度关注员工激励作用，主动了解经济管理参与者的高层次情感需求，给予经济管理参与者足够的关怀、信任，以激发企业内部经济管理参与者自觉转化企业意志并积极实践的行动，奠定企业经济管理效率提升的基础。

第二，信息化。市场经济发展背景下，企业经济管理应贯彻信息化原则。在信息化原则指导下，企业需要关注信息设施的建设与升级，精准经济管理定位，助力经济管理创新。同时，在线下管理的基础上，企业需要契合"互联网+"发展趋势，结合市场经济对企业经济管理体制的要求，引入线上经济管理模式，以双线管理进一步完善经济管理体系。

第三，精细化。市场经济发展背景下，企业经济管理应贯彻精细化旨在助力现代企业经济管理效率提升。在精细化原则指导下，企业应关注市场调查与研究，将具体的市场数据作为产品价格确定、市场营销的依据，紧密联系产品价格与市场。同时，企业应综合考虑人力资源、物力资源、财力资源等管理现状，开展专门的成本核算，作为生产成本使用决定性策略下达的依据。

三、市场经济发展下的企业经济管理模式创新路径

（一）管理者不断更新观念

近几年，我国经济发生了很大变化，落后的经营理念早已跟不上市场经济发展的步伐。随着市场经济的发展，传统的经济管理思想已不能满足企业发展的需要，这就要求企业管理者更新观念，使经济管理在企业经济运行中发挥更大的作用。企业管理者必须更新自己的理念，把先进、科学的经营理念运用到实际生产中去，使企业能够更好地融入市场经济中。企业管理者要不断学习新知识、新技术，提高自身素质。企业管理者还应具备创新意识以及强烈的市场意识，对市场环境做出准确判断，牢固树立市场经济管理思想，建立适应企业实际、适应行业动态、适应市场经济规律的新型经济管理模式。企业管理者的思想将会影响到员工的思想，因此，企业管理者必须以身作则，采取一些具体措施，如加强培训，或建立相应的制度等。让企业员工主动地改变观念，确保他们的思想都符合市场经济的要求。

（二）缓解运行压力

市场经济发展背景下，目标成本管理法成为缓解企业经济管理模式运行压力的有效手段。目标成本管理法是借助预先计算方式控制企业运行成本，统筹估算现有资金，进而按一定比例规划资金控制企业运行的方式，帮助企业有针对性地寻找管控经济成本的渠道，保障企业经济效益的手段。因此，企业可以结合实际情况，恰当发挥目标成本管理法的作用，预先估算未来一段时间的项目投资（投资资金、实物投资），管理项目发展成本，发现项目管理中存在的问题。针对相关问题有序解决需求，安排专项资金，并形成资金管理制度，便于约束资金使用过程，降低成本浪费问题出现的概率。基于目标成本管理法的资金管理制度需要贯穿合理性、科学性原则，开放企业经济管理人员参与端口，鼓励企业内部经济管理人员建言献策，划分经济管理隐患类别，汇总经济管理问题解决方案，并渗透目标成本管理技巧，缩短经济管理制度与企业实际经济管理内容的差距，便于目标成本管理发挥有效应用。

为了确保企业经济管理效率，企业可以从目标成本管理法应用过程着手，严格监督与检查，及时发现资金使用短缺、资金使用不到位等问题，第一时间督促解决。在目标成本法应用前期，企业可以根据前期规划，结合发展阶段资金使用需求，着重检查预算内容。比如，企业在未来计划购买新设备、建设新基地或其他创新活动，相关活动正常推进的基

础均为资金，此时，企业可以运用目标成本管理法测算新建基地资金、设备购买资金，进而按照相关程序安排资金，并对预算资金使用时期的方向、效益进行检查，及时阻止预算资金不合理利用行为，在保障企业正常发展的同时，降低企业经济支出。在目标成本法应用后期，企业可以借助监督方法，寻找经济管理中存在的问题，有针对性地设定预算成本，将预算成本作为调整经济管理方案的依据。同时，企业应将内部经济管理人员作为对象，设置基于目标成本管理的员工考核机制，全面监督考察员工资金预算制定内容全面与否、财务资金预算与企业发展规划相符与否、目标成本管理资金细节考虑到位与否等，并将考核结果与内部员工的薪资有机整合，逐步增强内部员工对目标成本管理的重视，有效发挥目标成本管理法的优良作用，降低企业经济管理模式运行压力。

（三）丰富管理模式

市场经济发展环境下，新兴技术手段快速发展，"互联网+"等概念指导着实体经济的发展，实体行业与互联网产业合作范围逐渐扩展。与此同时，企业服务对象的消费习惯、消费理念、消费渠道均呈现日益多样化的特征。基于此，企业应从经济管理模式规划着手，保持敏锐的思维、长远的战略观念，全面审视现有相对单一经济管理模式运行的不足，引入线上与线下复合发展模式。在"线上+线下"经济管理模式中，整合前期经营经验、发展理念以及相关的信息、资源，以便在巩固市场份额的基础上，获得新的经营突破口。同时，在消费者中心论的指导下，企业可以借助现代技术手段创新经济管理手段，由垂直型领导层决策的经济管理模式转化为多部门横向联系的管理模式，在提高经济管理效率的同时，提高自身对于消费者的吸引力。特别是对于快消类产品经营企业，应明确自身产品在低收入人群中的成本优势以及在中高收入人群中弱化的产品优势，积极借助经济管理创新契机，强化产品升级。在产品升级前期，企业应主动开展市场调查与研究，从微博平台、微信平台、线下问卷调查等多个维度收集信息，涵盖消费者产品需求、消费者消费偏好、市场线上线下产品销售情况等。在分析市场发展趋势的基础上，制订产品经营改进方案，确保企业现有经济管理模式与市场需求之间的偏差最小化。比如，企业可以从产品支付形式着手，与不同金融机构、支付机构保持合作，构建完善的支付体系，强化支付期间经济风险管控，解除用户后顾之忧。再如，企业可以从对外品牌影响力着手，转变经济管理思路，主动与中高端产品展开战略合作优化产品布局，增强产品市场知名度。同时，立足品牌认可度，主动分析品牌建设问题，主动融入市场经济大环境中弥补经济管理薄弱环节，以便在社会主义市场环境下获得新的发展机遇。

市场经济发展背景下，企业经济管理信息流不断增加，数据信息运用门槛日益降低，由经济管理决策、产品数据组成的数据获取与传播方式被网络信息获取与传播方式所取代。因此，更要要求企业树立大局观，积极学习大数据、互联网、云计算等先进技术，完善经济管理平台建设。以平台为载体，整合企业外界环境与市场经济发展趋势、企业经济预测与市场现实需求，奠定线上经济管理与线下经济管理对接基础。根据市场经济发展需求，企业经济管理平台应囊括制造资源计划系统、资源计划系统、供应链管理系统、客户关系管理系统、电子商务系统等。其中制造资源计划系统主要是根据企业经营生产目标，结合企业供应与需求平衡发展要求，自动更新基于生产系统与经营活动的计划生产经营系统模型，及时归整生产经营目标，为企业经济管理任务高效完成提供有效的指导；资源计划系统主要是利用信息技术规整企业内部财务部门、人力资源管理部门、物流管理部门、生产销售部门等，聚焦控制生产成本、提高经济效益目标，统筹规划内部资源，助力科学决策；供应链管理系统主要是在明晰供应链内部活动规律的基础上，根据消费者需求，制定更加个性、全面的供应链管理体系，为顾客提供附加值更高的商品组合，并为顾客提供信息更加详细、更新速度更快的物流信息系统，满足顾客对信息流获取便捷、安全性的要求。同时，企业供应链管理系统可以与业务系统整合，进行企业经济管理各项信息资源的自动分配、调节与控制。客户关系管理系统主要面向企业客户服务部门，强化客户跟踪服务、客户数据分析、客户偏好归总，输送更加全面且个性突出的客户信息，形成精准度较高、覆盖范围较广的大数据库，便于企业客户服务部门在维护已有客户的基础上，强化与新客户之间交流合作，扩大客户资源，创造更多经济利益；电子商务系统主要是基于互联网融合事务处理系统、数据库管理系统、安全管理系统、人工智能决策系统，以相对安全、便捷的方式满足企业生产服务与销售经营需要。

（四）践行柔性管理

柔性管理是一种高度有效的管理体系，也是"以人为本"理念在企业经济管理中的体现，可以最大限度发挥企业经济管理参与者的潜能，营造融洽的经济管理氛围。因此，企业应将基层经济管理参与者作为主角，贯彻科学化、人性化、民主化理念，激励、引导基层经济管理参与者，简化经济管理程序，活化经济管理技巧，提高基层经济管理参与者与管理层沟通频次，实现有效管理。在柔性管理实践过程中，企业可以用召开座谈会的方式，与基层经济管理参与者展开面对面沟通，于沟通中了解基层经济管理参与者的实际需求、工作水平，有针对性地调整激励内容。柔性管理模式下的激励内容应覆盖物质奖励、精神鼓励双重元素。在物质激励层面，企业应规避统一化的模式，而是立足市场经济发展环境，考虑不同岗位特点、劳作内容差异、劳作者工作完成度，以岗位定薪资，确保基层经济管理参与者所付出劳动、所承担责任均与其所获得薪资成正相关，增强绩效薪资在总薪资中的比例，规避基层经济管理参与者收入差距过大的问题。在给予基层经济管理参与者足够劳动报酬的同时，主动关心、认同基层经济管理参与者的行为，促使其感受到企业的尊重、重视，满足基层经济管理参与者精神需求，提升基层经济管理参与者的工作积极性。

柔性管理模式下，企业应关注人力资源流动性，突破工作经验、专业背景、学历文凭的限制，引进与岗位要求相契合的专业人才。在构建专业人才团队的基础上，企业可以立足跨专业、跨部门人才流动配置要求，跟随市场经济发展逐步弱化部门之间沟通交流壁垒，运行多部门之间自由流动。同时，根据企业发展需求，开展上下级之间、同级之间学习交流，配套开展跨地域、跨文化的培训活动，营造良性竞争氛围，为企业内部柔性决策效率提高提供足够的人才支持。在后续人力资源管理过程中，企业可以根据自身情况分析人才管理结构不足、突出表现，完善扁平的柔性人力资源管理结构，下放权力，给予优秀人才足够的发展空间，并对现有层级结构进行进一步简化，免除下级向上级汇报工作逐层审批环节，而是借助网络形式直接传递信息，强化不同级别之间信息交互，达到对企业内部人力资源的有效管理目的。

（五）夯实成本核算基础

市场经济管理模式下，成本核算成为提升企业在市场活动中利润获得值的有效手段。因此，企业应高度关注经济管理活动中的成本核算，聘用专业知识扎实、沉稳细心的员工，并定期对聘用者进行专业技能培训与工作效率监管，为成本核算工作精细化开展提供支持。同时企业应聚焦现阶段定位，择优选择与企业发展状况相适应的成本核算方法，如品类法、增量法、分配法等，为企业产品价格的准确划定提供依据。同时，根据社会主义市场经济环境下企业经济管理动态变化性，企业应组织专门人员观察市场动向，根据观察到的信息调整成本核算方法，完成高度准确的成本核算，确保成本核算方法自始至终与企业发展方向相吻合。

此外，鉴于成本核算在企业发展过程中无法取代的地位，企业应全面关注售后金额核算、售前人力物力分析、全程市场状况把控，将成本核算意识贯穿到内部工作的整个流程，强化成本核算意识，促使参与者对公众成本、自身成本具有明确的认识。在这个基础上，企业可以引入规范的记账方法，结合实际运营数据，以季度为单位记录运营成本，为经济管理工作的规范化开展奠定基础。

（六）培养内控管理人才，完善财务监督制度

人才是技术创新中最活跃的因素，它直接影响着企业的经济价值和未来发展方向。因此，企业应加强与高校、科研机构的联系，确保人才的固定来源，通过多种渠道引进人才，给予优待。企业可以建立独立的人才培训教育部门，聘请专业人员对员工进行培训和教育，加强内部学习氛围，还可以建立健全内部奖惩机制，充分发挥人才创新能力。另外，金融监管体系还有待完善。建立和完善中小企业财务监督体系是当务之急。要在企业内部建立监督机制，以促进生产经营活动的正常进行。在企业内部，必须建立有计划、有目的的工作制度。这是提高企业经济效益的重要手段。每个组织、每个员工都应高度重视财务活动，充分利用资金。企业必须组织具有较强管理能力的人员，使之与会计工作相互联系、相互影响。明确公司内部控制机制、明确职责、细化分工、加强数据安全保障、促进公司健康稳定发展。

（七）完善信息技术体系

要使信息技术能够全面地应用于经济管理，促进其实现价值的最大化，就必须对其进行完善和优化，确保企业内部信息传递的高效性与便捷性。确保收集和整理的信息能够及时准确地传递给各部门，从而有效地完善企业的经营。

建立一个完善的信息体系，及时地对各类经济管理数据进行分析，并给出相应的建议和解决办法。在这个竞争越来越激烈的时代，我们必须利用信息的力量，对市场的需求进行正确的分析，为公司的长远发展奠定基础。所以，公司需要不断地改进自己的技术与制度，不断地组织员工学习新的技术，不断地研究新的技术，将新的技术和观念融入管理之中，让企业占据更多的发展优势。

第二节 "互联网+" 背景下的企业经济管理

"互联网+"代表着一种新的经济形态，它指的是依托互联网信息技术实现互联网与传统产业的联合，以优化生产要素、更新业务体系、重构商业模式等途径来完成经济转型和升级。"互联网+"计划的目的在于充分发挥互联网的优势，将互联网与传统产业深入融合，以产业升级提升经济生产力，最后实现社会财富的增加。

一、"互联网+"的特征

"互联网+"作为一种商业模式和发展趋势，具有许多特征，这些特征对于推动创新、促进经济增长和改变人们的生活方式起到了重要作用。

第一，"互联网+"具有高度融合性。它将互联网技术与传统产业相结合，促成了多领域的深度融合。通过将互联网技术与制造业、金融、医疗、教育等各个领域相结合，创造出全新的商业模式和服务方式。这种融合性不仅使得各行各业之间的界限变得模糊，还促进了资源的共享和协同创新。

第二，"互联网+"具有开放性和共享性。"互联网+"时代，信息的开放和共享成为常态。通过互联网平台，人们可以轻松获取大量的信息和知识资源，同时也可以将自己的经验、技能和资源分享给他人。这种开放性和共享性加速了创新的速度和效果，为合作和协同创新提供了便利条件。

第三，"互联网+"具有智能化和个性化。随着人工智能和大数据技术的快速发展，"互联网+"推动了智能化的进程。通过对海量数据的分析和挖掘，"互联网+"为用户提供了个性化的服务和推荐，满足了用户多样化的需求。智能化的应用如智能家居、智能交通等也为人们的生活带来了便利和舒适。

第四，"互联网+"还具有高效性和可扩展性。互联网的特点使得信息传递和交流更加迅速和高效。"互联网+"可以实现线上线下的无缝连接，加速了业务流程、交易和服务的效率。同时，"互联网+"的发展也具有很强的可扩展性，可以适应不同规模和需求的发展。

总之，"互联网+"具有高度融合性、开放性、共享性、智能化、个性化、高效性和可扩展性等特征。这些特征不仅促进了各行各业的创新与发展，也改变了人们的生活方式和社会结构。"互联网+"为经济增长和社会进步带来了巨大的机遇和挑战。

二、"互联网+"对企业经济管理的积极影响

随着信息技术的快速发展，互联网已经深刻地改变了我们的生活方式和商业模式。"'互联网+'背景下，企业需要更加多元地运用互联网技术，高度关注经济管理，注重企业的创新模式。"[①] "互联网+"对企业经济管理的有以下五个主要积极影响。

第一，"互联网+"打破了地域限制，实现了信息的无缝传递。过去，企业的经济管

---

① 胡朝宪."互联网+"背景下现代企业经济管理方法 [J]. 今日财富（中国知识产权），2023（6）：77.

理往往受到地域的限制，沟通和信息传递存在一定的障碍。而互联网的出现改变了这一切。通过互联网，企业可以快速、准确地获取和传递信息，实现了企业内外部的高效沟通。这种信息的畅通无阻大大提高了企业的经济管理效率，加快了决策的速度，降低了沟通成本。

第二，"互联网+"为企业提供了丰富的市场资源和商机。互联网的普及使得企业可以通过电子商务平台将产品和服务推向全球市场。企业可以利用互联网的力量进行市场调研，精确锁定目标客户群体，进行精准营销。同时，"互联网+"还提供了更多的商机，例如共享经济、云计算等新兴领域，使得企业能够拓展业务领域，获得更多的发展机会。

第三，"互联网+"加速了企业的创新和转型。互联网技术的广泛应用为企业提供了更多的创新工具和思路。企业可以利用互联网技术进行产品创新、服务创新和商业模式创新，从而更好地满足消费者的需求。此外，"互联网+"还推动了企业的数字化转型，使企业能够更好地应对市场的变化和竞争的挑战。

第四，"互联网+"提高了企业的运营效率和成本控制能力。通过互联网技术，企业可以实现业务流程的自动化和信息的实时监控。这使得企业能够更好地管理和控制生产、采购、销售等方面的运营活动，提高生产效率，降低成本。此外，"互联网+"还推动了企业与供应链各环节的紧密协作，实现了供应链的优化和资源的共享，进一步提高了企业的运营效率。

第五，"互联网+"促进了企业的合作与共赢。互联网技术的应用使得企业之间的合作更加便捷和高效。企业可以通过互联网平台寻找合作伙伴，共享资源和信息，实现资源的整合和优化配置。这种合作与共赢的模式可以促进企业之间的互利合作，推动产业链的协同发展，提升整个产业的竞争力。

总的来说，"互联网+"对企业经济管理产生了积极的影响。它打破了地域限制，实现了信息的无缝传递；为企业提供了丰富的市场资源和商机；加速了企业的创新和转型；提高了企业的运营效率和成本控制能力；促进了企业的合作与共赢。随着互联网技术的不断进步和创新，"互联网+"将继续为企业经济管理带来更多的机遇和挑战。企业需要积极应对"互联网+"的变革，充分利用互联网的力量，不断提升自身的竞争力，实现可持续发展。

三、"互联网+"时代企业经济管理的创新对策

（一）创新经济管理思维

在"互联网+"时代，企业要实现更好的经济管理，必须持续进行思想上的创新，其

中核心是坚持"互联网+"思维，积极推进经济管理的网络化、信息化和智能化。特别是要加强管理的系统性和效率，不断完善和健全经营管理体制，改变传统的经济管理思维方式，推动经济管理由管理型到服务型转变，并进一步扩展管理的范围。因此，在"互联网+"时代，强调企业经营理念的创新变得尤为重要。

为了适应新的经济管理需求，必须改变传统的经济管理思路，主动地进行网络化管理。唯有不断创新观念，将企业员工特别是管理者的创新理念充分地运用到工作中去，才能推动经济管理技术的创新，使企业实现自上向下的创新气氛，从而搞好现代化管理，为公司内部管理提供了更加优良的软环境和为公司剩余管理部给予了可供创新和开发的原动力。企业各项创新无论是制度、技术、产品等方面都与观念创新密不可分，唯有不断更新自身观念才能持续增强自身管理水平，助力现代化管理目标。唯有不断更新理念，才能使企业发展与经济快速发展形势相适应，才能确保企业拥有足够的市场竞争力，保障企业的快速发展。

（二）对企业战略发展进行创新

企业应加强大数据技术的运用，借此进行市场定位，为发展战略目标与企业财务管理工作的实施提供基础保障。大数据技术具有信息资源共享的优势，可以对企业数据与市场的数据进行深入的分析，能够为企业管理者了解市场环境与企业自身发展情况提供数据支持。在日常经营管理工作中，大数据技术的运用，提升信息处理与运用效果，为接下来管理工作开展提供技术手段支持。以销售类企业为例，企业管理者可以借助大数据技术了解消费者的需求，基于此选择适合的销售方式与手段，为消费者提供良好的销售服务，使消费者从中获得更多积极的情感体验。这样不仅可以提升销售工作水平，同时能够促使企业进一步发展，对企业经济管理工作开展具有积极意义。

（三）完善企业经济管理制度体系

在企业经济管理工作中，加强信息技术手段的运用，将此运用在企业内部各个环节中，为企业可持续发展打下坚实的基础。管理制度体系创新工作中，可从以下几个方面入手。

第一，营造经济管理创新氛围。在企业经济管理工作中，需要渗透现代化经营管理理念与手段，结合企业经济发展需求，对原有的管理模式进行创新，借助信息技术手段提升各项工作质量与效率，激发员工的参与工作热情，促使企业经济效益管理工作有序进行。企业可以利用新媒体建立微信公众号、官方网站，利用新媒体进行经济管理创新的宣传工作，提升员工的创新意识与改革意识，促使企业经营管理工作有序开展。

第二，完善管理制度。①对各个部门工作情况进行分析，了解各个岗位工作状态与内容，将此作为管理制度创新的依据。信息技术手段的运用改变"以人为本"的工作理念，要求工作人员自觉遵守规章制度，科学使用技术手段。因此在管理制度创新中，应凸显出信息技术管理的特点，借此提升管理工作效果，促使企业经济效益管理工作有序进行。②采用全过程管理的方式，对企业各个环节工作进行管理与约束。在"互联网+"的支持下，企业管理模式发生较大的变化。全过程管理工作的开展，可以减少经济管理风险，能够对内部管理工作情况进行动态的监督。因此，企业可以结合自身经济管理情况，制定全过程管理制度，将此作为企业经营管理方法，促使企业工作有秩序地开展。

第三，建立信息沟通机制。企业经济管理工作的开展，需要各个职能部门的参与。

（四）创新财务管理模式与方法

第一，创新财务管理理念。财务管理工作对企业经济管理效益的影响较大，是促使经济管理创新改革的重要因素。实际工作中，应树立信息化财务管理理念，主动利用信息技术开展财务工作，借助信息技术提升财务管理工作有效性。鉴于此企业可以组织相关的培训活动，将信息化财务管理工作的重要性与必要性呈现出来，激发员工的信息化财务工作意识，促使财务管理转型，为企业经济管理工作开展提供支持。

第二，对财务管理工作流程进行创新。在"互联网+"时代财务管理工作流程的创新与改革，可以提升财务工作效果，能够使财务工作变得更加规范。实际工作中发挥信息技术的优势，将财务管理工作流程清晰、具体的方式呈现出来，使工作人员对财务管理工作形成初步的认并按照相关的流程操作，为企业经济管理工作开展提供便利。

第三，构建信息化财务管理平台。财务共享中心的建设，为企业经济管理工作开展提供技术手段支持，解决各部门财务信息互动不及时、不全面的问题。企业可以发挥信息技术的优势，构建信息资源共享平台，结合企业经济管理创新需求，确定平台的功能，要求工作人员利用信息技术开展财务工作，为管理者的决策提供支持。当前市面上有相对比较成熟的财务共享中心，企业可以与第三方建立合作关系，共同研发适合企业发展情况的信息系统，借此提升财务管理效率，为企业适应新时代做好铺垫。

总之，在"互联网+"背景下，企业经济管理转型发展十分重要，是提升企业市场竞争力与综合管理水平的重要举措。由于管理理念、管理制度等方面的问题，影响经济管理转型。在企业经济转型过程中，应凸显出"互联网+"时代与经济管理工作的特征，树立现代化管理理念，完善管理制度，创新财务管理手段，以此推动企业转型发展，提升企业的综合管理水平。

第三节　知识经济基础上的企业经济管理

知识经济是由科学技术推动的。我国经济在稳步提升的过程中，不少的企业认识到科学技术对经济发展具有强大的推动力，将企业的经济管理与科学技术相结合，创建了知识经济体系。此体系的创立是对总经济体系的补充，有效促进了世界经济的发展。在知识经济的帮助下，当前的企业获得了更好的提升机会，能够在满足自身需要的同时，更好地适应时代的发展与进步。同时，知识经济还可以保持企业的活力，使其通过科学的手段去应对风险。

一、知识经济的特征

知识经济是一种经济形态，强调知识和信息在经济中的价值和作用。它推动经济增长，依赖于知识、技术和创新。在知识经济中，技术进步和创新是关键，通过它们改善生产过程、提高效率、降低成本，并带来新产品和服务。教育和培训成为重要投资领域，提高人们的知识水平、技能和创新能力。知识产权保护和知识管理变得重要，鼓励创新、保护知识创造者权益，帮助企业更好地组织和利用知识资产。知识经济的兴起和发展对经济结构、就业形态、社会变革等方面都有深远影响。在这个时代，不断学习和适应新知识是个人和企业成功的关键。

第一，知识经济注重知识的创造和创新。在知识经济时代，知识成为推动经济增长和社会进步的关键要素。企业、机构和个人需要不断进行创新，通过研究、开发和运用知识来提高生产力和竞争力。

第二，知识经济具有高度的信息化和数字化特征。现代科技的快速发展使得知识的获取、存储和传播变得更加便捷和高效。互联网和数字技术的普及使得知识能够以更广泛的方式传递和共享，加速了知识的流动和交流。

第三，知识经济强调人力资本的重要性。人力资本是指个体的知识、技能和创造力，是知识经济的核心资源。在知识经济中，教育和培训成为重要的投资领域，个人和组织需要不断提升自身的人力资本水平，以适应快速变化的经济环境。

第四，知识经济具有高度的灵活性和适应性。知识经济时代，技术和市场的变化速度非常快，企业和个人需要具备灵活的思维和适应变化的能力。同时，知识经济也鼓励创新和创业精神，为个人提供更多的机会和自主发展的空间。

第五，知识经济强调合作和共享的理念。在知识经济时代，合作和共享成为推动创新和发展的重要方式。组织和个人通过共同分享知识和资源，形成协同效应，加快创新的速度和质量。

总之，知识经济具有知识创造和创新、信息化和数字化、人力资本重要性、灵活性和适应性以及合作和共享等特征。这些特征使得知识经济成为推动社会进步和经济发展的重要力量，对个体和组织的发展提出了新的要求和机遇。在知识经济时代，不断学习和更新知识成为个人成功和社会进步的关键所在。

二、知识经济对企业经济管理的影响

知识经济是指以知识为核心的经济形态，它以知识的创造、获取、应用和传播为基础，对企业经济管理产生了深远的影响。以下是知识经济对企业经济管理的几个重要方面的影响。

第一，知识经济强调创新和技术进步。在知识经济时代，知识成为企业最重要的资产和竞争优势。企业需要不断创新和采用新的技术，以适应市场的快速变化和客户需求的变化。知识经济推动了企业在产品、服务、生产过程和管理方法等方面的创新，提高了企业的竞争力和市场地位。

第二，知识经济改变了企业组织和管理的方式。在传统经济中，企业主要依靠资本和劳动力进行生产和管理，而在知识经济中，知识成为主要的生产要素和管理资源。企业需要建立学习型组织，培养和吸引高素质的知识型人才，通过知识的共享和协同来提高组织的创造力和竞争力。知识经济也催生了新的管理理念和方法，如知识管理、创新管理和学习型组织理论等，对企业的管理实践产生了积极的影响。

第三，知识经济促进了企业间的合作和联盟。在知识经济时代，知识的复杂性和多样性使得单个企业难以掌握所有必需的知识资源。因此，企业需要通过合作和联盟的方式，与其他企业、研究机构和高校等共享知识，实现资源的互补和优势的互相增强。通过共享知识和资源，企业可以降低创新成本、缩短产品开发周期，提高市场反应速度，提升竞争力。

第四，知识经济加强了企业的市场导向和客户关系管理。在知识经济时代，市场需求的变化迅速而多样化，企业需要及时获取和分析市场信息，了解客户需求，并快速地进行产品和服务创新。知识经济使企业能够更好地与客户进行互动和沟通，建立长期的合作关系，提高客户满意度和忠诚度，从而获取更大的市场份额和利润。

总之，知识经济对企业经济管理产生了广泛而深刻的影响。它促使企业加强创新和技术进步，改变组织和管理方式，推动企业间的合作与联盟，加强市场导向和客户关系管理。企业在知识经济时代需要重视知识的创造和应用，注重人力资源的培养和管理，积极与外部合作伙伴进行知识共享和创新合作，不断提高市场敏感性和竞争力，以适应快速变化的经济环境。

三、知识经济基础上的企业经济管理实践

（一）升级管理理念

在知识经济的时代背景下，企业管理者可以从两个方面来改良企业经济管理理念。管理人员要确定企业经济管理的创新方向，积极寻找企业的出路与创新点。另外，有了创新管理方向后，管理者的思想高度将会得到明显提升，后期在对企业进行管理时，其会将理论联系实际。如此一来，企业未来发展将会符合知识经济的要求，从而经济管理也会更具有时效性。

管理人员要确保经济管理理念的发展方向和企业目标是一致的。经济管理创新是企业发展的重要推动力，其通过新的经济管理体系来提升企业在市场上的竞争力，提升企业的综合实力。如果经济管理理念出现了和知识经济发展现状不匹配的情况，企业最终树立的管理体系将不具备合理性，无法推动企业实现良性化发展的目标。

（二）完善管理制度

在知识经济的背景下，企业内部经济管理的创新点就在于制度的完善。管理人员在改良制度时，必须基于企业当前的规划管理找到实践和创新的要点。在制定合适的经济管理制度后，管理人员要通过反复的实践，来验证经济管理制度的优势和价值。而目前的创新点主要有以下几个：①管理者可以从企业的财务部门入手，合理控制企业资金的输入与支出，尽量节省企业成本，优化经济管理，为企业获得最佳的经济效益打下基础。②管理人员可以从企业的营销部门入手，通过相应的管理手段提高经济活动的效率，为企业今后的发展打下坚实的基础。

（三）强化人才储备

在知识经济背景下，企业的经济管理工作由员工来操作完成。这就意味着企业的经济管理工作质量和人才的储备水平相挂钩，如果想要改善企业的实际经济管理效果，人力资源的综合素质必须得到提升。企业内部的管理人员在开展创新时，一定要尽力调整企业内

部的人力资源水平,认真贯彻以人为本的原则,坚持走可持续发展的道路,尽力做好人才储备工作。人力资源强化后,企业的竞争力将会得到稳步提升。具体的人才储备计划如下。

第一,管理人员可以通过企业现有的人力资源做一个抽调,了解员工的实际水平。之后再根据员工的发展特点,制订相应的提升计划。此方法可以有效提升员工的综合素质,使其更适合工作的发展需要。

第二,管理人员可以通过提高岗位的福利来吸引人才。经济管理岗位对人才的要求比较高,能够匹配岗位需求的,大多数是综合素质较高的人才。这部分人才会比较注重工作环境和工作条件,企业若想提高自身的竞争力,一定要尽力为人才提供福利政策。

第三,企业管理人员要对企业内部的管理体系建设做出相应的创新。很多管理体系一直处于落后的状态,以至于很多岗位并没有进行交替,部分员工没有发展的机会。受此情况的影响,企业内部的管理机制一定要落实到位,岗位的交替须按照具体的年限如期实行,管理部门要为年轻员工提供发展的机会。

第三,管理人员在招聘的过程中,一定要综合考量员工的专业技能与素养,尽力帮助企业多吸收综合管理能力强的人才。

第四,人才是企业发展的核心竞争力,高端优质人才才能创造效益。企业一定要遵从科技是第一生产力的发展规律,借助知识型人才对当前的经济管理体系进行优化。同时,企业管理人员还要做好调研工作,认真分析员工的发展方向,使其能够在企业的发展中发挥相应的价值。在此基础上,管理人员一定要创新招聘途径,尽力完善人才的培养模式。

(四)加强管理创新的重视

知识经济的时代背景下,我国部分企业的经济管理制度缺乏统一的衡量标准,这就导致大部分企业忽略了经济管理的创新价值和实践作用。企业的管理层一定要改善认知,提高对经济管理体系的重视度,坚持可持续发展的原则,加强对经济管理的重视。在改变原有的经济管理理念后,领导层还要树立危机意识,尽可能地开拓思维,着眼于企业未来发展的目标。另外,领导层在实践方面一定要树立战略管理理念。

(五)改善管理创新的氛围

第一,领导层一定要发挥带头作用,构建企业文化,让工作人员树立正确的价值观。同时,领导层要强调知识的重要价值,倡导员工自觉加入培训计划,改善自身的能力缺陷。经济管理创新如果没有良好的工作氛围,对于员工来说,大部分的管理都无法落到实处。

第二，建立灵活的组织结构和沟通机制。知识经济时代，创新需要快速的反应和跨部门的合作。因此，企业应该建立扁平化的组织结构，降低决策的层级，提高沟通的效率。同时，引入协作工具和技术，促进员工之间的信息共享和知识交流，为创新提供更好的环境和条件。

第三，鼓励风险承担和容错文化。创新往往伴随着风险和失败，而企业经济管理需要鼓励员工尝试新的想法和方法，容忍和学习从失败中得到的经验教训。管理层应该提供支持和资源，为员工的创新实践提供保障，同时对失败持开放和包容的态度，以鼓励更多的创新尝试和实验。

第四，建立开放的创新生态系统。企业应该与外部合作伙伴、行业专家和学术界建立紧密的联系和合作关系。通过开放式创新，吸纳外部的知识和资源，可以促进企业经济管理的创新和改善。企业可以组织创新竞赛、研讨会和合作项目，激发创新活力，汇集各方智慧，共同推动经济管理的进步。

（六）强化制度落实

经济管理创新从来不局限于制度的创新，也不局限于理念的创新。由此可见，经济管理的创新点，旨在某项经济管理制度是否能够发挥约束作用，让企业在知识经济的背景下，能够运用科学合理的手段来提升管理质量。如果企业只是在制度上进行创新，没有真正落实，那么经济管理创新就是空谈，不会在企业经济发展的过程中发挥任何的作用。而管理理念的创新也是一种辅助手段，这是为了让员工意识到经济管理制度的重要价值，是为了约束员工的工作行为，是为了提升企业最终获得的经济效益和社会效益。由此可见，企业的经济管理创新应是多角度、多维度的创新，是为了提升企业现有的竞争力，使其更好地适应市场的发展要求。

第三章
现代企业经济管理的多元化内容

第一节　企业营销管理

企业营销管理是指企业在市场环境中通过策划、组织、实施和控制一系列营销活动，以实现市场目标和提升企业竞争力的管理过程。企业营销管理涵盖了市场调研、市场定位、产品策划、定价、渠道选择、推广和销售等方面的内容，通过有效的管理和执行，帮助企业实现销售目标、提高市场份额并获得可持续的竞争优势。

一、企业营销管理的特征

"企业发展中经营管理为关键，而营销则是经营管理的重要一部分，营销工作质量的高低决定着企业经济收益。"[①] 企业营销管理的特征是指该管理活动在实践中具有的独有性和显著特点。以下是企业营销管理的几个重要特征。

第一，综合性。企业营销管理是一个涵盖多个方面的综合性管理活动。它需要考虑市场环境、消费者需求、竞争对手、产品特点、渠道选择等多个因素，通过协调各个环节来实现整体目标。

第二，客户导向。企业营销管理的核心是以客户为中心。企业需要深入了解客户的需求和偏好，并根据客户反馈进行产品优化和服务改进，从而提供满足客户需求的产品和服务。

第三，长期性。企业营销管理是一个持续的过程，不仅仅关注单次销售，更注重与客户的长期关系。通过建立良好的客户关系和品牌形象，企业可以实现持续的销售和忠诚的客户群体。

---

① 邵亮. 管理会计方法在企业营销管理中的应用 [J]. 上海商业, 2023 (4): 185.

第四，灵活性。市场环境不断变化，企业营销管理需要具备灵活性和应变能力。企业需要及时调整市场策略、产品定位和推广方式，以适应市场需求和竞争状况的变化。

第五，数据驱动。企业营销管理越来越依赖于数据分析和市场研究。通过收集、分析和应用市场数据，企业可以更好地了解市场趋势和消费者行为，从而做出更有针对性的决策。

第六，创新性。创新是企业营销管理的重要特征之一。企业需要不断寻求新的营销思路、产品创新和推广方式，以在竞争激烈的市场中脱颖而出。

第七，效果导向。企业营销管理注重结果的实现和效果的评估。企业需要制定明确的目标，并通过市场营销绩效评估和数据分析来监测和评估市场活动的效果，从而不断改进和优化营销策略。

总的来说，企业营销管理的特征包括综合性、客户导向、长期性、灵活性、数据驱动、创新性和效果导向。这些特征帮助企业在竞争激烈的市场中找到合适的定位，与客户建立紧密联系，并实现持续的销售增长和市场优势。

二、企业营销管理的类型

企业营销管理可以分为两个主要类型：战略营销和市场营销。

（一）战略营销

战略营销管理关注的是企业的长期发展目标和市场定位。它涉及制定公司的整体营销策略，包括目标市场选择、品牌定位、产品组合、定价策略等。战略营销管理的目标是在竞争激烈的市场中获取可持续竞争优势，并为企业的未来增长奠定基础。

1. 战略营销的特征

战略营销具有一些独有的特征，这些特征帮助企业在竞争激烈的市场环境中取得成功并实现长期增长。以下是战略营销的一些重要特征。

（1）长期导向：战略营销是一项长期的规划和执行过程。它关注企业的长远目标和可持续发展，与短期利润追求不同。战略营销需要企业制定长期战略，考虑市场趋势、消费者需求和竞争环境的演变，以确保企业在未来能够保持竞争优势。

（2）综合性：战略营销涵盖了企业多个层面和功能的协调与整合。它要求企业在制订战略营销计划时，综合考虑产品开发、定价、渠道管理、促销和品牌管理等多个营销要素，确保它们相互支持和协调，形成一个整体战略。

（3）风险管理：战略营销需要企业识别和管理风险。市场环境的变化和竞争压力都会带来风险和不确定性。战略营销要求企业通过风险评估和规划，寻找应对策略并做好准备，以应对潜在的市场挑战和风险。

（4）持续创新：战略营销强调不断创新和变革。市场和消费者需求的变化要求企业不断调整和改进营销策略。战略营销鼓励企业寻找新的市场机会、创造新的产品或服务，并通过创新的营销方式和渠道来满足消费者的不断变化的需求。

（5）环境敏感性：战略营销需要企业对外部环境保持敏感。这包括了解市场趋势、竞争动态、法规政策和社会文化变化等因素。企业需要通过市场研究和环境分析，洞察外部环境的变化，并及时调整战略营销计划以适应环境变化。

（6）数据驱动：战略营销强调数据的重要性。企业需要依靠市场数据和消费者洞察来指导决策和策略制定。数据分析可以提供有关市场趋势、消费者行为和竞争情报的关键信息，帮助企业做出明智的决策和有效的营销策略。

总之，战略营销具有长期导向、综合性、风险管理、持续创新、环境敏感性和数据驱动等特征。企业通过遵循这些特征，可以在竞争激烈的市场中建立竞争优势，并实现长期的市场成功。

2. 战略营销的实施

战略营销的实施是一个系统性和综合性的过程，需要企业在制定的战略框架下进行有效的执行。以下是战略营销实施的关键步骤和要点。

（1）确定目标市场和目标客户。首先，企业需要明确自己的目标市场和目标客户群体。这涉及市场细分和目标市场选择的研究，以了解不同市场细分的消费者需求和偏好，确定最具潜力的目标市场。

（2）竞争分析。企业需要进行竞争分析，评估市场上的竞争对手。这包括了解竞争对手的产品、定价策略、市场份额和品牌形象等，以便制定差异化的市场定位和竞争策略。

（3）制定市场营销策略。基于市场和竞争分析的结果，企业可以制定市场营销策略。这包括确定产品或服务的特点和定位、制定定价策略、制订促销计划和选择合适的营销渠道等。市场营销策略应与企业整体战略目标相一致。

（4）资源配置和组织结构。企业需要根据市场营销策略配置资源，并建立相应的组织结构。这包括确定预算、人员和技术等资源的分配，并建立有效的组织体系和流程，以支持市场营销活动的顺利进行。

（5）实施和监控。一旦市场营销策略确定，企业可以开始实施营销计划。这涉及执行产品开发、推广活动、渠道管理和品牌传播等具体的营销活动。同时，企业还需要建立有效的监控和评估机制，跟踪市场营销活动的效果，并及时调整和优化策略。

（6）持续创新和改进。战略营销的实施是一个持续的过程。企业应保持对市场和消费者的敏感性，不断进行市场研究和创新，以满足不断变化的需求。同时，企业还应进行定期的回顾和评估，以评估市场营销策略的有效性，并进行必要的调整和改进。

战略营销的实施需要企业的全面参与和有效的执行。通过系统性的规划和灵活的调整，企业可以在市场竞争中获得竞争优势，实现长期的市场成功。

（二）市场营销

市场营销管理是指为实现组织目标而对旨在创造、建立和保持与目标购买者之间有益交换关系的设计方案所做的分析、计划、实施、控制。市场营销管理的任务，就是为促进企业目标的实现而调节需求的水平、时机和性质。市场营销管理关注的是企业在目标市场中实际推广和销售产品或服务的活动。它包括市场细分、目标市场选择、市场调研、促销活动、广告传播、销售渠道管理等。市场营销的目标是通过有效的市场推广和销售策略来吸引客户、促进销售和增加市场份额。

1. 市场营销的特征

市场营销是一个充满活力和不断演变的领域，其特征如下。

（1）客户导向。市场营销的核心是将客户放在首位。它强调了解客户需求、喜好和行为，并根据这些信息来开发产品、制定营销策略以及提供优质的客户体验。客户导向是市场营销成功的关键，帮助企业建立长期的客户关系并实现业绩增长。

（2）创新性。市场营销要求企业不断创新和适应变化的市场环境。创新可以表现在产品设计、促销活动、渠道选择和营销策略等方面。通过不断寻找新的市场机会和创造性地解决问题，企业可以保持竞争优势并吸引消费者的关注。

（3）综合性。市场营销是一个综合性的活动，它涵盖了多个方面，包括市场研究、产品开发、定价、促销、分销和客户关系管理等。综合性意味着企业需要整合各种资源和功能部门，以实现协同工作，并确保所有营销活动都在统一的战略框架下进行。

（4）反馈导向。市场营销强调反馈的重要性。企业需要不断收集、分析和利用市场反馈信息，包括消费者反应、市场趋势、竞争动态等。通过了解市场反馈，企业可以及时调整策略、改进产品，并满足客户的需求，提高市场竞争力。

（5）可度量性。市场营销需要具备可度量性，即能够量化和评估营销活动的效果。通过设定明确的目标和指标，企业可以跟踪销售量、市场份额、客户满意度等数据，并进行分析和评估。可度量性使企业能够了解营销活动的成效，并及时做出调整和优化。

（6）持续性。市场营销是一个长期的过程，需要企业保持持续的努力和投入。成功的市场营销不是一时的事件，而是建立在持久性的市场策略和长期的客户关系基础上。持续性意味着企业需要时刻关注市场变化、竞争动态和客户需求，并不断适应和改进。

总之，市场营销的特征包括客户导向、创新性、综合性、反馈导向、可度量性和持续性。了解和应用这些特征可以帮助企业在竞争激烈的市场中取得成功，并实现可持续的增长。

2. 市场营销的组织

市场营销活动是企业一项重要的职能活动，为了使这项活动能有效进行，必须有专门的部门对这项活动负责，这就形成了企业的市场营销组织。本书所讨论的营销组织指的是静态意义上的营销组织，即指企业的市场营销部门。

建立市场营销部门组织的基本方法有以下六种。

（1）职能组织法。职能组织法是指按照需要完成的工作来组织营销部门的方法，它强调市场营销的各种职能的重要性。一般地说，企业设立一名营销副总经理管理营销事务，下设一名营销行政事务经理主管营销日常工作与产品促销工作，销售经理主管推销人员的招募和管理，市场研究经理主管市场调查、分析与预测等工作，新产品经理主管新产品的开发与研制工作。

这种组织适合于小规模企业或只有一种或少数几种产品的情况，每个职能部门只对各自负责的环节负责。

（2）产品组织法。产品组织法是指在企业内部建立产品经理组织制度，以协调职能型组织中的部门冲突。在企业所生产的各产品差异大、产品品种多，以至于按职能设置的市场营销组织无法处理的情况下，建立产品型组织制度是适宜的。这种方法是由专人负责某种具体产品或某一产品线的系列营销工作。负责某一品牌产品的人员称为品牌经理，负责一条或几条产品线的人员称为产品经理。其基本做法是，由一名产品营销经理负责，下设几个产品经理，产品经理之下再设几个品牌经理去具体负责各个品牌。产品组织法在实际应用中是与职能组织法相配合的，只不过是在产品的开发与管理方面增加了层次。

产品组织法的主要特征是突出了产品营销经理的重要性。该组织形式的优点是能够有效地协调各种市场营销职能，对市场变化做出积极反应。但该组织形式存在缺乏整体观念、部门容易冲突、接受多头领导等缺陷。一般来说，生产食品、化妆品、洗涤用品、化工产品等的企业适宜采用产品组织法来组建自己的营销部门。

（3）市场组织法。市场组织法是指由不同人员或部门负责不同类型市场营销业务的组织方法。市场型组织形式的优点在于企业的市场营销活动是按照满足各类不同顾客的需求来组织和安排的，这最能体现企业"以顾客为中心"的经营思想，有利于企业加强销售和市场开拓。市场型组织形式的主要缺点是存在权责不清和多头领导的矛盾。尽管市场组织法存在一些不足，但有越来越多的企业按照这种方法组织其营销部门。

（4）地理组织法。地理组织法是指企业按照地理区域设置其市场营销部门的方法。如果企业的营销服务范围较广，则可以采取这个方法。该方法的一般做法是在各销售区域分别设立销售部门，区域内再划分若干地区，地区内再划分更小范围，每个小范围也都设立销售部门。

地理组织法的优点在于能够通过区域销售网络使产品迅速打入各地市场；其不足之处是营销队伍庞大，营销费用开支较大。所以只有企业的生产规模和营销规模达到一定程度后，才适宜采取这种方法来建立营销部门。

（5）矩阵组织法。矩阵组织法是指同时设立产品经理和市场经理的矩阵式组织方法。矩阵型组织是职能型组织与产品型组织相结合的产物，它是在原有的按直线指挥体系组成垂直领导系统的基础上，又建立一种横向的领导系统，两者结合起来就组成一个矩阵。

（6）事业部组织法。事业部组织法是指为每一类产品组建一套职能部门和服务部门的方法。它是对产品组织法的一个改进，加大了产品经理的权力。事业部组织法的通常做法是将企业营销职能的执行主体由企业下放到各个类别的产品层次。

在实际经济运行中，有以下四种基本的方法。

第一，企业总部一级不设立营销部门，企业的营销活动全部由各事业部负责承担。

第二，企业总部一级保留适当的营销部门，承担着全面评价企业的营销机会、向事业部提供咨询、帮助各事业部解决营销方面的问题、改变各职能部门的营销观念的任务。

第三，企业总部一级保留适当的营销部门，向各事业部提供各种营销服务，包括专门的广告服务、促销服务、调研服务、销售行政服务等。

第四，企业总部一级设立规模较大的营销部门，深入参加各事业部营销活动的规划与控制。

当然，在企业运行过程中，市场营销部门也必须处理好与各个部门的相互关系，密切配合、共同协作来实现企业的总目标。

3. 市场营销计划的实施

（1）制订企业的行动方案。为了使营销计划得以有效执行，企业必须制订详细的行动方案，包含具体的时间安排和人员安排。

（2）建立相应的组织结构。为了有效执行企业的营销计划，企业必须调整并建立相应的组织结构。也就是说，企业的组织结构必须同企业的战略相一致，必须同企业面临的营销环境相适应。由于现代企业面临的营销环境变化迅速，很多企业选择了更加灵活的组织结构，现代企业的组织结构出现了扁平化和虚拟化的发展趋势。敏捷企业和虚拟企业的出现很好地说明了这一点。

（3）开发企业的人力资源。企业所有市场营销计划都要靠企业的员工来执行。因此，企业必须合理、有效地开发企业的人力资源。开发企业的人力资源则包括了企业人员的考核、选拔、安置、培训和激励等内容，而其中最主要的是开发企业的人力资本。所谓人力资本，主要是指这样的两类人：一是技术创新者，二是职业经理人。企业的人力资本比人力资源更加重要。

（4）培育和建设企业文化。现代企业需要解决的三个基本问题是企业制度的建设、企业战略的选择和企业文化的塑造。企业文化是指一个企业内部全体人员共同持有和遵循的价值标准、基本信念和行为准则。企业文化对企业经营思想和领导风格，对职工的工作态度和作风，均起着决定性的作用。企业文化包括企业环境、价值观念、模范人物、仪式、文化网五个要素。

三、企业营销管理的规划与方法

（一）企业营销管理的规划

1. 企业营销管理的规划基础

（1）目标规划。目标规划是指企业在总体战略目标的基础上，为实现营销目标所做的计划。企业在制定目标规划的过程中，一定要尊重企业的发展目标，将实现企业目标作为整个规划的核心内容与核心思想，只有这样才能从根本上阻止企业规划脱离实际，与企业目标和利益越走越远的状况发生。

（2）技术规划。技术规划是企业进行营销的前提条件，如果没有技术的支持企业既不可能完成产品信息的发布和介绍，也难以完成产品的交易，可以说整个营销活动都是建立在企业技术支持之上的。

（3）组织规划。企业在实现数据库营销之后，要根据企业的产品特点和目标市场的需求来调整自己的营销战略，并建立专门的组织机构负责营销活动的相关工作。

（4）管理规划。在营销活动中，企业对组织机构进行完善之后，要根据组织的特点和营销战略的需求来对其进行科学的管理与规划，以保证企业营销战略能够取得成功。

2. 企业营销管理的规划内容

（1）确定营销目标。企业进行营销活动的第一步就是要明确营销目标，只有确定了营销目标，企业才能有重点地对营销战略进行规划与管理，实现有的放矢，将主要精力集中在关键的方向与领域。另外，如果不明确企业的营销目标，企业营销工作的方向性也难以把握，企业的营销行为会向着未知的方向发展，这无形中增大了企业营销活动以及企业发展的风险。

（2）明确部门职责。营销活动是一项复杂的企业规划，它的完成需要众多部门的通力合作，每个职能部门都要充分发挥自己的作用，这样才能保证整个营销工作的顺利进行。营销活动是企业发展战略的一项重要内容，因此企业的营销活动需要企业相关部门的全力支持，实现各个部门间的协调合作。

一般来说，企业的营销活动由营销管理部门总揽全局，因为营销部门对企业的产品、市场、消费群体以及企业内部的情况了解最为深刻，由其对企业营销活动进行整体把握能够保证企业营销发展的基本目标和方向。

在营销工作的开展过程中，企业的营销部门和市场部门间配合的默契度直接关系着营销工作的效果，如果二者能够紧密地配合并及时沟通，不仅有利于营销部门及时掌握第一手的市场信息和消费者信息，也有利于企业市场部门针对不足改善自己的工作，提高企业的市场占有率。

当然在营销活动中还有很多其他的部门需要与营销部门和市场部紧密的配合，比如企业财务部门。营销活动的开展离不开资金的支持，企业的财务部门要根据企业的承受能力和营销规模对营销与开发资金进行合理的预算，并上报决策层进行最终的决定。

（3）管理反馈信息。网络是一种开放性强、互动性强的信息交流平台，这一特点决定了企业可以从网络中获得更多的市场和消费者需求的相关信息，这些信息是企业营销决策和工作改进的依据，企业要设专人对这些信息进行管理。

在企业收集的所有的反馈信息中，有一部分内容是顾客针对企业或是产品提出的问题，企业相关部门在看到这些问题后，尽快给出详细的答复。企业可以将顾客经常提出的问题进行收集和整理，通过网络或是宣传页介绍的形式为顾客进行解答。对于那些企业不能及时答复的问题，企业也应给顾客进行说明，对顾客进行安抚。

3. 企业营销管理的规划组织机构

企业营销管理的规划是一个系统工程，包含多种要素，需要众多人才共同协作与努力进行设计与规划，因此必须建立合理的组织机构，充分发挥团队人员的智慧与创意，建立一个系统的营销组织规划系统。营销管理规划组织只有企业在进行战略规划的时期才能发挥作用，履行自身的职责，在规划任务完成后，可能就会由企业的其他组织来完成后期的营销任务，因此营销管理规划组织具有一定的临时性。

（1）策划总监。在营销管理规划组织中，策划总监是整个策划活动的最高负责人，通常由企业的总经理、营销副总经理或策划部经理担任。策划总监需要对活动中的各项工作进行监督和管理，同时还要对组织与企业内部各部门之间的关系进行协调，保证工作的高效、有序进行。

（2）主策划人。在企业营销管理的规划中，主策划人也发挥着关键的作用，其地位相当于拍摄电影的导演。主策划人需要带头对组织中的活动进行策划，安排各成员的工作，对各策划成员的调研活动进行指导。可以说，整个营销战略策划活动的成功，主策划人功不可没，是其充分发挥聪明才智带领所有策划成员集思广益的结果。在选取主策划人时，一般对他们有更多的要求，其不仅要具有很高的专业素养和活动策划执行能力，同时还要拥有高度的责任感和丰富的活动策划经验，提高营销管理规划的成功的可能性。

（3）市场调查人员。当前我们处于一个信息社会，各种信息瞬息万变，因此在营销管理规划中，及时掌握完备、准确的市场信息极为关键。获得最新的、全面的市场信息是营销管理规划活动的前提，因此企业需要派遣专门的人员对市场信息进行收集和整理。在互联网技术快速发展的今天，各种市场信息量庞大、繁杂，并且真假难辨，这就给市场调查人员获取正确的信息带来了难题。一个合格的市场调查人员，必须在数量巨大的市场信息中找到最为真实的、有效的市场信息，以为企业的营销管理规划提供正确的信息依据。

（4）美术设计人员。随着市场经济的不断发展，人们对产品的要求越来越高，他们不仅要求产品要有过硬的质量，同时也要求产品包装得精美。对于企业产品的生产，如果能给予其精美的包装，那么就可以在一定程度上提高产品的档次和品位，满足更多消费者的需求。由此可见，企业营销管理的规划过程，实际上也可以将其看作对企业及其产品进行美化和包装的过程。在企业营销管理的规划团队中，对美术设计人员的要求就是要具有独有的审美能力，拥有良好的专业美术功底，通过利用美学原理，通过创造性的想象来对企业的视觉形象、商品标志和广告等进行丰富和完善，以此增强产品的视觉冲击，提高企业营销管理的规划有效性。

（5）文案撰写人员。营销管理规划中的文化撰写是一个集体性的工作，一般来说，单独的文化撰写人员很少能写出一个成功的营销方案，必须是在众多文案撰写人员的集思广益下，才能获得高质量的营销文案。需要注意的是，虽然单独的文案撰写人员只是负责营销文案的一部分撰写工作，但是其必须对整个营销管理规划过程都有一个全面、准确的了解，这样才能保证最终营销文案的质量。策划文案是对整个营销战略的文字表述，因此文案策划人必须有良好的文字功底、娴熟的表达方式，以及创新性的思维能力。

（6）专业计算机操作人员。随着电子信息技术的不断发展，对人类生产和社会的发展产生了巨大的影响，计算机成了人们不可缺少的工具。在企业营销管理的规划中，通过计算机技术，可以进行文字处理、数据库的建立与整理、提案中特殊图形的制作等工作，尤其是对特殊图形的制作和处理需要专业的计算机操作人员来完成。让专业计算机操作人员参与到企业营销管理的规划中，有利于提高策划活动的工作效率，同时也可以为信息的收集提供有力的保障。

总之，营销管理规划组织是由多个人员组成的，具有很强创造性的机构，通过集思广益来完成营销管理规划。企业营销管理的规划也是一项系统的工程，任何一个环节都会对整个策划活动的成败产生重要的影响，因此，策划总监需要对整个营销策划活动做好整体的规划，防止出现差错。需要注意的是，尽管营销管理规划组织对效率极为看重，但是对于组织人员的选择具有一定的盲目性，企业需要根据自身的实际发展情况，坚持效率优先的原则，减少策划活动不必要的环节，从整体上降低企业营销策划的成本。

4. 企业营销管理的规划实现方式

企业营销管理规划的主要目的是推广企业的形象和产品，为了实现这一目的，企业需要通过一定的方式才能完成。这种营销管理规划的实现方式主要有两种，一种是企业自主完成，另一种是借助外部力量完成。根据企业实际情况的不同，企业可以选择其中的一种，在特殊的情况下，企业可以选择将两种方式结合起来使用。

（1）企业自主完成。企业自主完成方式指的是，企业完全通过自身的人员和力量来完成营销管理规划。这种方式对企业的要求很高，企业不仅要有完善的组织策划机构，而且还要有能力组织企业内部的营销管理人员建立起自己的策划部门。对于那些实力较强的大型企业，甚至可以建立起专门的营销管理规划部门，招聘专门的策划人员参与其中，专门从事企业的营销管理规划。企业自主完成营销管理规划活动的优点表现在，策划部门可以结合企业的特点，综合企业的内外部环境为自己量身制订策划方案，保证最终的实施效果。此外，企业通过自己建立营销管理规划部门，还可以减少咨询费用，从整体上降低企业的策划成本，有利于企业可持续发展的实现。

企业的营销规划部门充当着大脑的作用，根据企业的发展需要，该部门可以设定专属的策划方案，推动企业的发展。企业营销管理的规划部门是企业的一个重要职能部门，在营销策划方面具有很大的优势，通过该部门的运作，可以为企业收集到更多有效的市场信息，从而制订出更符合企业发展的营销策划方案，实现与企业发展战略的协同发展。

（2）借助外部力量。企业借助外部力量，有利于降低企业的策划成本。当前我国市场中，中小企业所占的比例很大，它们中的大多数都不具备依靠自己的力量来进行营销管理规划的能力，因此只能选择借助外部力量的形式来进行。需要注意的是，企业这种借助外部力量的形式应控制在一定的范围之内，防止形成依赖，不利于企业的可持续发展。此外，企业借助外部力量来进行营销管理规划，这些外部组织人员对本企业的实际情况没有明确的了解，企业也会有选择性地将自身的经营状况介绍给他们，因此，借助外部力量进行营销规划的方式只能起到辅助作用，不能完全代替企业进行营销活动。

对于不同的企业，其都具有自己独有的特点，因此，企业选择营销管理规划的方式，没有统一的标准，应根据自身实际的经营状况来进行选择。此外，企业实施营销管理规划，也要结合自身的规模、实力和内外部环境，根据营销规划工作的频率和负责程度，在对所有的营销策划方式的优缺点都明确之后，在利润最优的前提下选择最佳的方式，保证企业营销活动的顺利实现。

（二）企业营销管理的方法

1. 微博营销

微博是基于用户关系的社交媒体平台，用户能以文字、图片、视频等多媒体形式，实现信息的即时分享、传播互动。下面以新浪微博为例，解读微博营销。

（1）微博的特征。

第一，传播方式简单。微博简短的表达形式，降低了普通大众发布信息的难度。你只要点一下"转发"，即可把别人的微博转到自己的微博上来，不同层次的人也能够轻松建立起沟通互动的桥梁。

第二，使用起来方便快捷。只要有网络，就可以通过手机、电脑、iPad 等工具，轻松实现简短信息的发布，实时性、便捷性和现场感极强。

第三，传播信息快。微博的使用群体分布很广，加上使用也很方便，上一秒发生的事情立刻会在微博上传开。很多事件都是首先在微博被披露，然后才慢慢在各大传统媒体上发布的。

第四，获取信息多。微博的使用群体分布非常广泛，有人物、媒体和企业，信息可以通过各个角度、规模、属性传播开来，使微博上可以获取更多类型的海量信息。

第五，用户可以任意定制。用户可以随意定制自己想要获取的内容。比如关注娱乐明星，就可以获得娱乐方面的相关资讯；关注 IT 行业，就可以在第一时间得到 IT 方面的各类信息，非常方便。

（2）用微博的口碑营销。微博营销其实就是做口碑，微博营销是跟你的消费者建立情感的互动。所以，企业需要策划一些有意义的活动，让自己微博的粉丝们参与进来，并且分享传播出去。一般微博营销活动有以下几种形式。

第一，做吸引新粉丝的活动，形式一般是有奖转发、砸金蛋、大转盘等。

第二，做互动性非常强的活动，比如一些征集类型的活动。

第三，组织一些回馈老客户的活动，形式一般是定期竞猜类活动、老客户定期抽奖活动。

第四，企业线下的各种活动或者赞助，通过微博放大这些活动，扩大影响力。

当然，利用微博做口碑活动不仅限于以上这几个类型。但是，活动的设计，最好要能够照顾以下几点：①要易于传播，增加活动的可参与性，最好是能够结合时下热点事件和话题等；②要注意这个活动吸引来的受众人群一定要是自己的目标人群，不然最终效果会大打折扣；③如果活动设置了奖品，那么活动奖品最好要体现企业或者品牌元素；④把微博的活动和企业网站中的活动结合起来，互相串联，充分利用双方的流量；⑤在微博活动完成后，还需要对新增粉丝进行后期维护和巩固。通过进行多次这样的口碑营销之后，企业知名度和美誉度会大大上升，客户忠诚度和品牌价值也会随着水涨船高。

（3）企业微博增加粉丝的方法。开通了企业微博之后，最关心的问题莫过于如何快速增加粉丝。企业微博如果只是自言自语，那是没有任何效果的。微博营销最大的特点就是能够快速传播，获得一传十、十传百的效果。要达到这样的目的，除了微博内容要容易获得传播之外，粉丝数量和质量也是非常重要的，而好的微博内容也会增加粉丝的数量和质量。因此，如何快速增加高质量微博粉丝，是每个做微博营销的企业最重要的课题。

第一，完善企业资料。完善自己的微博资料也能够自动增加高质量粉丝。使用它可以自定义描述企业的经营范围、客户类型、产品的关键词等，让更多人找到企业，也让企业找到更多同类人群。

第二，发布高质量的微博内容。高质量的微博内容能够引起更多的转发，在不断转发、曝光率增加的同时，粉丝也会大量增加。因此，在企业微博中可以发一些最容易被转发传播的内容——图片，图文并茂的微博更受欢迎。注意，图片上一定要加上自己企业的水印，这样能同时起到宣传作用。还可以发布一些转发会带来好运之类的微博，这类型的微博转发人数非常多。如果你的消息比较灵通，那么最新的热议新闻，独家新闻也是很容易被转发的，还有感人事件、星座话题、搞笑语录（搞笑图片）等，也都是非常容易引起转发的内容。

第三，加入相关的微博群。加入更多的相关微博群，在人数多的微博群发微博是一个很好的展示自己的渠道，在这里发布一些自己企业的信息和相关产品的观点也会得到其他人的关注。主动关注和企业定位人群相似的群体。当企业对他人表示关注时，这种关注也会产生回报，使得他们更有可能对企业产生兴趣并加以关注。然而，一旦达到了关注人数的极限，为了继续扩大企业的社交圈子，便可以考虑取消一些旧的关注，并开始关注新的朋友，以保持持续的社交互动。

第四，精心准备营销内容。虽然微博可以随时随地发布内容，但如果企业希望将其用作营销工具，最好是每天按照计划发布一些经过精心准备的内容，以吸引目标受众的兴趣。

（4）微博营销的常用工具。为了方便对微博进行各项管理，以及改善微博主和粉丝互动的效果，我们可以使用一些免费的工具。这些工具能够节省企业大量的时间和精力，是微博营销的常用管理。

第一，内容管理。微博内容管理工具比较多，例如皮皮时光机，管理起来比较方便。

第二，粉丝分析。新浪自带的粉丝分析工具微数据用起来就十分方便权威，也还有其他的分析工具，例如微博粉丝分析和微博分析家这两款软件。

第三，内容分析。微博风云这一款软件能够全面详细地分析微博的内容；微博引爆点这款软件可以进行单条传播分析。

2. 微信营销

微信是智能终端提供即时通信服务的免费应用程序。

（1）微信营销的功能。

第一，朋友圈与销售。朋友圈作为社交媒体平台，具有很大的潜力来推广和销售产品或服务。通过巧妙地利用朋友圈的展示、互动和个人品牌塑造等功能，可以扩大销售渠道，提高品牌曝光度，并与潜在客户建立良好的关系，从而增加销售机会和业绩。

第二，公众号与营销。公众号是微信的另一个功能，现在越来越被营销人士所看好。现在有战略眼光的企业家，都投入了极大的人力与财力于微信公众号上。大多数企业已经开始在服务号上做移动电商，做客户服务工作；在订阅号上布局企业文宣、品牌推广、产品销售与目标客户的圈地。当然，正因为是营销，是战略性的布局，是企业对未来的期许与希冀，所以一切效果都变得细水长流起来。不过，如果订阅号能够精准、科学运营，把自己产品或服务的目标客户尽量圈进自己的微信平台上，营销战略就能获得成功。

不管是订阅号还是朋友圈，都有其存在的价值。作为一个企业，可以在不同的历史时期，在不同的微信营销环境下，有选择地应用好朋友圈与公众号：在朋友圈里倒腾些实惠的收入，在公众号里经营一份未来的期许，两者并不矛盾。

第三，微视频的营销。微视频是微信的另一个功能。微视频是时间约在一分钟甚至更短的视频，可以通过手机录制、分享。人们只要一部手机，录像、编辑、推送微视，就可以零门槛像微信一样在各个社交平台上无限地进行分享。

视频是全面展示企业风采的一个绝佳手段，而借助微信这个平台其传播性也会大大增强。对企业来说，这同样是营销的一个绝佳手段。

（2）微信群的定向营销与微信群组的周边营销。

第一，微信群的定向营销。微信群是一个与微博有别但是与 QQ 类似的微信运营功能。通过将朋友圈之中的一部分粉丝拉入一个微信群之中，形成一个个定向的客户群，例如女性群、女白领群、女生群、化妆品群、健身群等，这样可更具针对性地展开各种精准的营销。这就是微信群的定向营销。朋友圈营销之后，营销人士要对朋友圈之中的客户群体进行细分，展开定向营销。也就是说，一个搞朋友圈营销的企业，肯定离不开微信群营销。

第二，微信群组的周边营销。微信群组是 QQ 团队为了不被边缘化，而推出的新一代 LBS 与共同兴趣社交应用。在微信群组上，企业可以组建数量不等的群，最大卖点就是群是开放的，能被周边的手机用户看到。这样微信群组用户就可以找到自己喜欢的、有共同爱好的人群，企业也可以主动地吸引到自己所需要的粉丝。企业可以借助这一功能开展范围更广的定向营销。

（3）朋友圈的定位策略。运用销售型微信朋友圈就必须弄清楚自己的定位，这样朋友圈营销才能走得更远。

第一，分析朋友圈资源优势，定位预售的产品及售价。朋友圈的受众分析（人数与类型）；朋友圈粉丝的社会阶层与购买力分析；熟人与朋友的推广能力分析；朋友圈的互动情况分析。这些分析基础是决定朋友圈是不是可以卖东西，卖东西时选择什么样的产品及售价。

第二，以手头产品去定位目标粉丝。在朋友圈中卖产品，更多的人是因为自己、熟人或公司有产品需要出售。然而许多朋友圈之中存在产品和粉丝不匹配的问题，这就需要营销人士反向思维为自己的产品筛选粉丝。筛选朋友圈粉丝的方式也有很多种，包括利用 QQ、电话簿、散发名片等，当然在名片上要印上微信二维码，或者自己的微信号。新来的粉丝一定是目标客户，不是平常的粉丝。这就要求同样是找粉丝，自己心中要有一把尺，量一量这些人是不是符合你的标准。一句话，在朋友圈中做生意，不要追求粉丝绝对数量，而是重点关注粉丝与产品的契合度，也就是针对特种产品时刻把粉丝质量放在第一位。

（4）公众号的功能与定位策略。每一个微信公众号运营者要详细了解微信公众号的功能以后才能对微信公众号的运营有详细了解。

第一，微信及公众号的强大功能。微信是全民社交工具，已把手机、QQ 好友作为基础的熟人，扫一扫加入的轻熟人，摇一摇、附近的人、漂流瓶引入的陌生人，通过公众平台上订阅号资讯内容、通过服务号满足客户需求吸引的粉丝与客户等，全都引进这个用户黏性超强、用户数量一家独大的 SNS 社交工具上。在微信上，社交已形成了一个纷繁交错的网，不分阶层的全民性交际的大网。每一个有社交需求的人，都无法摆脱微信这张恢恢天网。

第二，订阅号是休闲阅读的书城。"朋友圈"里的精致内容或分享的文章对大多数人的微信生活有着十分深刻的影响。而这些分享大多来自微信订阅号。所以说，微信是一个休闲阅读的书城。在这个书城里有定位多样、选择性多元的各色微刊，准确点讲叫杂志。

第三，服务号是客户管理的利器。在微信平台上，每个商家的用户信息、积分、消费记录、消费内容都可以被微信服务号记录下来，留在商家的数据库中。服务号已变成了一个商家 CRM 平台①，一个轻量型的 App。现在用户只要带着装了微信的手机，就可抛开以前鼓鼓地装着各种卡的钱包。

第四，微信是大家的移动钱包。2014 年，微信已可以捆绑银行卡了，手机话费、Q 币充值、买电影票、买彩票、买各种商品，甚至 AA 收款和公益的支付行为，也都可以通过微信完成。有了微信钱包，你就可以实现公众号流量、粉丝的变现，就可以在微信这个平台内做你想得出的一切生意。

第五，微信是同城生活的导航。腾讯地图与微信全面打通并且开放后，微信就可以向第三方微信公众号提供一套基于地理位置的综合解决方案，包括录入网点位置、向用户发送位置、帮用户计算到达线路、查看街景等。用户可以轻松地通过微信公众号直接查找地点，预览环境，直接订座，并且导航到目的地，体验获得极大提升。

第六，公众号的定位策略与方向。微信订阅号本质上就是一个自媒体，就目前微信订阅号的形式与内容来看，这个自媒体还不是微博那样的自媒体，而是杂志化了的自媒体。而杂志本身就是一个细分了的媒体。一个定位很精准的订阅号，不仅能引来大量的粉丝，而且这些粉丝与订阅号定位的匹配度最高，也就是说最能实现订阅号主的商业价值变现。更为重要的是，这些粉丝最忠实，黏度最大，最能长期跟着订阅号成长。

人群定位方法。任何微信订阅号的商业模式最终都是针对人而来的。订阅号无论要推荐什么商品或服务，都离不开找到与其相配的人群。微信订阅号的人群定位，就是找某一类型的人群，并把自己的订阅号内容推送方向锁定到这类人群喜闻乐见的资讯上来。人群

---

① 商家 CRM 平台是一种为商家提供客户关系管理（CRM）功能的软件平台。CRM 是指通过有效管理客户关系，实现客户满意度提升、销售增长和业务发展的一系列战略和工具。商家 CRM 平台为商家提供了集中管理客户信息、交互和沟通、销售跟进、市场营销等功能的综合解决方案。

定位的前提是进行粉丝类型划分。总之，微信订阅号的人群定位，就是以自己已有的或可能有的产品或服务，去找与之最匹配的人群，并以此去组织订阅号推送的内容的定位技巧。

行业定位方法。行业定位相对容易理解。订阅号的产品隶属于哪一个行业，订阅号就应向这个方向努力。行业定位要和产品的空位紧密联系起来。

地域定位方法。地域定位本身并不是一个难以理解的概念。微信包含的是一个圈子，以地域作为一个圈子也是一个很好的定位方法。未来微信的商业化，或者说O2O更多是地域性的、社区化的商业化与O2O。同时，地域性的订阅号才刚刚引起人们的关注，现在通过地域定位的微信订阅号，在移动互联网社区化趋势明显的当下前程无量，值得有志于在微信上创业的人们关注与研究。相信，随着微信订阅号营销的不断成熟，地域定位的订阅号将不断壮大，甚至将成为未来订阅号的主流。

产品定位方法。产品定位就是以本来已有的产品或品牌作为订阅号的定位基础。许多人注册微信账号之前都已经有了自己的产品、服务，于是，对大多数人来说，把自己的订阅号定位在产品定位上的确不失为一个好选择。

功能定位方法。功能定位是指订阅号的内容按某种功能图文为主推的，如养生号、股票交流号等。

内容定位方法。内容定位方法是一种不大容易理解的定位方法。简单来说，内容定位的实质就是公众号运营的过程中能够依据自己的风格精选文章的类型，满足粉丝的喜好。对于不满足要求的文章，运营者不能将其筛选进去。

第二节　企业文化管理

企业文化是指在一个企业内部所形成的共同的价值观、信念、行为规范和思维模式，它代表了企业的精神面貌和独有的个性。企业文化涵盖了企业的核心价值观、企业的使命和愿景、员工的行为准则、组织结构、沟通方式以及企业与外部环境的互动等方面。

企业文化应该明确规定员工在工作中应该遵循的道德、行为和职业准则，为员工提供明确的行为导向和规范，使员工在工作中具有正确的价值观念和职业操守。良好的行为准则能够帮助员工形成良好的工作习惯和行为习惯，提高工作效率和质量，保证企业的正常运转和可持续发展。

一、企业文化的特征

第一，稳定性。既然企业文化的核心是精神文化，是企业的价值观念，是内化在员工灵魂深处的一种信仰，它就不会因人事的变动而随便发生改变，具备一定的稳定性和惯性。所以，那些具有好的文化传统的企业能长久稳定地发展；那些企业文化不适应外界环境发展的企业，只有通过各种变革，彻底改变人们原有的思想观念和行为规范，重新形成一种适应环境变化的企业文化，才有可能找到新的发展方向和动力。

第二，隐性。作为作用于人的一种隐性的思想与理念，企业文化会沉积在每一个人的心中，并指导每个人的行动。即使某个企业并没有对文化做出具体规定，企业的内外环境也会潜移默化地对企业成员形成一种无形的约束，促使他按照合乎企业行为规范的要求来进行活动。

第三，可塑性。企业文化的形成一般有两条基本途径：①企业在长期经营中逐渐积淀而成。②通过企业的创造者或者榜样塑造出来。现实中的企业文化往往都是通过两种途径融合铸就的。特别是那些文化管理出色的企业，基本上都离不开人为的塑造。企业的高层管理者，主要是企业的一把手将自己的经营理念结合企业和市场的实际情况形成企业的价值观念，然后通过制度建设、员工培训以及高层的表率作用使企业文化逐步渗透到企业的成员心中，最终达到个人利益与集体利益、个人目标与企业目标的高度统一。

第四，不可模拟性。企业文化与制度、技术等不同，它不具有通用性，也就是说任何两个企业的文化都不可能是完全一致的，任何一个企业都无法简单地照搬套用其他企业的文化。因为每一个企业都有自己独有的背景、环境、管理方式和人员素质，在此基础上形成的企业文化在企业内部体现出共性特征，而在企业外部则更多地体现为个性、特殊性，所以企业文化很少有固定的模式和统一的内涵，也很难量化成某个具体的指标，更不要说在不同的企业之间通用。

二、企业文化的要素与功能

（一）企业文化的要素

通常企业文化主要包括以下要素。

第一，价值观和信念。企业文化的核心是一组共同的价值观和信念，它们代表了组织的理念、目标和行为准则。这些价值观可以包括诚信、创新、客户导向、团队合作等。

第二，行为规范和准则。企业文化包括一系列的行为规范和准则，它们规范了员工在工作中的行为方式。这些规范可以涉及沟通方式、决策方式、问题解决方法、工作态度等。

第三，组织结构和领导风格。企业文化也与组织的结构和领导风格密切相关。不同的组织结构和领导风格会对企业文化产生不同的影响。例如，扁平化的组织结构和鼓励创新的领导风格可能会倡导开放、灵活和创新的企业文化。

第四，沟通和协作。企业文化强调有效的内部沟通和良好的团队协作。这包括鼓励员工之间的互动、知识共享、信息流通和合作解决问题的能力。

第五，奖励和激励机制。企业文化可以通过奖励和激励机制来鼓励员工积极参与和贡献。这可以包括奖励优秀绩效、提供晋升机会、培训和发展机会等。

第六，员工参与和归属感。企业文化应该鼓励员工的参与和参与感，使他们感到自己是组织中的重要一员，并与组织的目标和价值观产生共鸣。

第七，持续学习和创新。企业文化应该鼓励员工不断学习和创新，提倡适应变化和持续改进的精神。这有助于组织保持竞争优势和适应快速变化的市场环境。

第八，环境条件。环境条件是指企业的性质、经营方式及企业与外界的联系等。一方面，它是影响企业文化的重要因素，直接决定着企业文化的特色和行为特点。另一方面，环境条件也是企业文化的外在表现，一个企业的文化总是首先从它的环境上体现出来，好的企业环境往往和企业强有力的文化息息相关。

这些要素共同构成了企业文化的基础，每个企业的文化都可能有所不同，因为它们受到组织的价值观、行业特点、历史传统和领导层的影响。

（二）企业文化的功能

第一，导向功能。企业文化中凝结的价值观、精神和宗旨等意识形态的内容不但是企业经营的哲学指导，指引企业经营的方向，而且对员工来说也是一面无形的旗帜，引导员工的行为，把员工的目标和行为引向与企业目标一致的轨道上来。

第二，凝聚功能。人作为一个复杂的生物体，具有多元追求，单纯靠规章制度来约束，只能形成统一的行为规范，却无法形成向心力和创造力。企业只有通过文化的力量来沟通内部人员的思想，形成对企业的自豪感、认同感和归属感，才能将分散的个体力量凝聚成整体力量，使员工共同为实现企业的发展目标而集思广益、同心同德地努力工作。

第三，激励功能。企业文化具有强大的感召力，能够激励广大员工为实现企业的战略目标而奋斗。优秀的企业文化往往强调人的重要性，强调创新，在企业内部形成一种宽松的、积极向上的文化气氛。在这种环境下，企业文化产生正面的激励作用，激发绝大部分员工以实现企业的长远发展为使命，努力发挥个人的积极性、主动性和创造性，顺应环境的变化，推动企业的持续生存与发展。

第四，约束功能。企业是人的集合体，其经营活动、经营效果和外部的社会形象完全通过企业成员的日常行为积淀而成。企业文化除了发挥对企业所有成员的导向作用、凝聚作用和激励作用外，还对所有成员产生约束功能，规范和制约员工按照企业的经营哲学办事，绝不能我行我素，各自为政，脱离企业文化的约束。在特定的文化氛围里，一个员工的行为只有合乎企业文化的要求才会获得企业内外群体的承认和称赞，否则，他将遭到群体的批评、抵制和排斥，并产生失落感和挫折感。企业文化的约束功能使企业的正气得以弘扬，歪风得以消除。

第五，辐射功能。企业文化作为一种文化形态，是民族的社会文化系统中的一个子系统，每一种企业文化都深刻反映它所在的环境文化。因此，研究任何企业文化都不能脱离对它所在环境的社会、经济和文化背景的分析；反过来，每一个企业的文化不但会对本企业的经营发展产生深远影响，也会在一定条件下影响它所在的大环境。如果一个地区的企业文化氛围以开拓进取为特点，就会影响整个地区人们的心态，促使该地区形成一种奋发向上的气氛；相反，假如一个地区的企业文化不利于企业和人的发展，势必会通过员工传染给他们周边的亲属朋友，从而导致整个地区价值观念的扭曲，不利于该地区经济社会的整体发展。

三、企业文化在企业管理中的地位与重要性

企业文化在企业管理中具有重要的地位和意义。它是指企业内部形成的一种共同的价值观、行为规范和信仰体系，是企业成员共同遵循的准则和行为方式。企业文化不仅仅是一种象征，更是对企业管理和运营产生深远影响的因素。

第一，企业文化在企业管理中起着引领作用。它为企业提供了共同的目标和方向，使得员工们能够明确自己的使命和责任。通过共同的文化价值观，企业能够塑造员工的意识形态和行为准则，使其在工作中能够保持一致性和团结性。企业文化能够激发员工的归属感和认同感，提高员工的工作积极性和凝聚力，进而推动企业实现长期的可持续发展。

第二，企业文化在企业管理中具有塑造企业形象的作用。一个良好的企业文化能够树立企业的形象和品牌价值，提升企业的知名度和美誉度。通过在企业文化中融入创新、品质、诚信等核心价值观，企业能够树立起自身独有的竞争优势和市场地位。消费者和合作伙伴更倾向于选择那些有着积极、健康、可持续发展的企业文化的企业作为合作对象。

第三，企业文化对于员工的吸引力和留存率也具有重要影响。当企业有着积极向上、

关注员工发展的文化氛围时，能够吸引更多优秀的人才加入并留在企业。员工在一个积极、开放、有发展机会的企业文化环境中，能够感受到个人的价值和成长空间，从而更加投入工作，积极创新，为企业带来更高的绩效和创造力。

第四，企业文化在企业管理中还能够加强内部的沟通和合作。共同的文化价值观能够建立起员工之间的信任和团队精神，使得沟通和合作更加顺畅高效。员工在共同的文化框架下，能够更好地理解和支持彼此，协作解决问题，提高工作效率和质量。

总之，企业文化在企业管理中具有举足轻重的地位和重要性。它不仅为企业提供了共同的目标和方向，也塑造了企业的形象和品牌价值。同时，它对员工的吸引力和留存率，以及内部沟通和合作都有积极的促进作用。因此，企业应重视企业文化的建设与管理，使之成为企业长期发展的核心竞争力之一。

四、企业文化管理的完善策略

企业文化管理是一个重要的组织管理方面的领域，对于企业的发展和成功起着关键作用。以下是完善企业文化管理一些有效的策略。

第一，建立明确的核心价值观和使命宣言。企业的核心价值观是企业文化的基石，它们代表着企业所追求的价值和信念。通过明确核心价值观和使命宣言，企业能够为员工提供一个明确的方向和目标，激励他们为企业的长期发展贡献力量。

第二，注重员工培训和发展。培养和发展员工是企业文化管理的重要组成部分。通过提供全面的培训计划，帮助员工不断提升技能和知识水平，使他们能够适应不断变化的市场环境。此外，还应该设立晋升通道和职业发展计划，激励员工在企业中追求个人成长和发展。

第三，鼓励员工参与和沟通。有效的企业文化管理需要建立积极的沟通渠道，使员工能够表达自己的意见和建议。可以通过定期举行团队会议、设立员工反馈渠道等方式，鼓励员工参与企业的决策过程，增加员工的归属感和投入度。

第四，树立榜样和领导力。领导层在塑造企业文化方面起着关键作用。他们应该成为榜样，通过言传身教的方式传递企业的核心价值观和行为准则。此外，培养和发展领导力是企业文化管理中的重要一环，帮助领导层更好地管理团队和激发员工的潜力。

第五，定期评估和调整。企业文化是一个动态的过程，需要不断评估和调整。定期进行文化评估，了解员工对企业文化的认同程度和满意度，及时发现问题并采取相应的改进措施。此外，与员工保持密切的沟通和反馈，及时调整企业文化管理策略，以适应变化的市场和组织需求。

总之，完善企业文化管理需要明确核心价值观和使命宣言，注重员工培训和发展，鼓励员工参与和沟通，树立榜样和领导力，并进行定期评估和调整。这些策略将有助于建立积极健康的企业文化，促进企业的可持续发展和成功。

第三节　企业财务管理

财务一般是指与钱物有关的事务，即理财的事务。"企业发展过程中，财务管理作为企业管理的重要内容，在一定程度上会影响企业的竞争力和生命力。"① 企业财务管理是指企业在运营过程中对财务资源的合理配置、利用和监控，以实现企业长期发展目标的一系列管理活动。

一、企业财务管理的特征

企业财务管理是企业运营中至关重要的一个方面，具有以下几个特征。

第一，综合性。企业财务管理是一个综合性的管理活动，它涉及企业的各个层面和部门。财务管理需要与其他管理职能密切合作，如市场营销、生产运营、人力资源等，以实现整体协调和优化资源配置。

第二，长期性。企业财务管理关注企业的长期发展目标。它不仅考虑当前的财务状况和经营绩效，还要关注企业的战略规划、投资决策和资本结构等因素，以确保企业能够持续成长和增值。

第三，风险管理。企业财务管理要求企业对各种风险进行评估和控制。这包括市场风险、信用风险、流动性风险等。通过风险管理，企业能够有效应对潜在的风险和不确定性，保障财务安全和稳定。

第四，决策导向。企业财务管理为企业的决策提供重要的依据和支持。它通过财务数据的分析和评估，为管理层提供决策所需的信息，如投资项目选择、融资方式决策、成本控制等。财务管理的目标是最大化企业的财务绩效和价值。

第五，监督与控制。企业财务管理通过建立有效的财务控制系统，对企业的财务活动进行监督和控制。这包括内部控制机制的建立、预算控制、审计和财务报告的编制等。通过监督与控制，企业能够确保财务活动的合规性和透明度，防止财务失误和不当行为。

---

① 田骏. 新经济背景下企业财务管理创新分析 [J]. 中国集体经济，2023 (18)：142.

第六，灵活性。企业财务管理需要具备一定的灵活性，以适应不断变化的商业环境和市场条件。它需要及时调整和优化财务策略，以应对市场竞争、技术创新和经济周期等因素的影响。

第七，持续改进。企业财务管理是一个不断改进和优化的过程。企业需要不断学习和应用新的财务管理理念和工具，提高财务管理的效能和效果。同时，企业还应不断反思和总结经验，优化财务管理的流程和方法，以不断提升企业的竞争力和价值创造能力。

总之，企业财务管理具有综合性、长期性、风险管理、决策导向、监督与控制、灵活性和持续改进等特征，它对企业的发展和稳定具有重要作用。

二、企业财务管理的原则

第一，价值最大化原则。企业财务管理的目标之一是使资产所有者的财富最大化。价值最大化原则应贯彻到财务管理工作的各个环节中。在筹资决策阶段，要根据这一原则，对各种筹资渠道进行分析、比较，选择资金成本最低、风险最小的筹资方案。在进行投资决策时，也要贯彻这一原则，在长期投资和短期投资之间进行合理选择。短期投资有利于提高企业的变现能力和偿债能力，能减少风险；长期投资会给企业带来高于短期投资的回报，但风险较大。通过对不同投资项目进行可行性研究，选择一个收益最大的方案。

第二，成本效益原则。企业在生产经营过程中，为了取得收入，必然会发生相应的成本费用。降低成本费用是企业提高经济效益、增加利润的有效途径。但是，企业的收入随着成本的增加而增加，随着成本的减少而减少，此时按成本效益原则，在充分考核成本的基础上，如收入的增加大于成本的增加，则提高企业的效益；反之则使企业的效益下降。

第三，资金合理配置原则。资金的合理配置是由资源的有限性和企业追求价值最大化所决定的。在企业财务管理中通过合理配置资金体现这一原则，即在筹集资金时，要考虑负债总额与全部资产总额之比，做到既能举债经营、提高资金利润率，又能防止举债过多、加大企业财务风险；在运用资金时，要考虑资产结构，即各类资产在全部资产总额中所占比重，防止出现某类资产占用过多而另一类资产却占用不足的情况。企业要把有限的资金用在"刀刃"上，并经常考核其资金配置结构的合理性和有效性。

第四，资本金保全原则。资本金保全原则是指企业要确保投资者投入企业资本金的完整，确保所有者的权益。从国际惯例来看，各国在企业财务管理中，一般都实行资本金保全原则。其原因在于，企业资本金是企业进行生产经营活动的本钱，是所有者权益的基本部分，也是企业向投资者分配利润的依据。企业的经营者可以自主使用投资者依法投资的任何财产，有责任使这些财产在生产经营中充分得到利用，实现其保值和增值。投资者在生产经营期间，除在相应条件和程序下依法转让资本金外，一般不得抽回投资。

第五，风险收益均衡原则。在市场经济条件下，企业的生产经营活动具有不确定性，企业的生产量、销售量都将随着市场需求的变化而变化。因此，企业生产经营的风险是不可避免的，其资金的筹措、运用和分配的风险也是客观存在的，所以财务管理人员应意识到风险，并通过科学的方法预测各种生产经营活动及资金筹集运用和分配方案风险的大小。风险越大，其预期收益越高；风险越小，其预期收益越低。要做到风险与收益的平衡。

三、企业财务管理的内容

财务管理是关于资金的筹集、运用和分配的管理工作。财务管理的主要内容是投资管理、融资管理和利润分配管理。从资金运动角度来看，财务管理的内容包括以下五个方面。

第一，资金的筹集。资金筹集是资金运动的起点，是投资的必要前提。企业作为从事生产经营的经济组织，必须拥有一定数量的资金。这些资金的来源主要包括两个部分：一是投资者投入的资本金以及资本公积金和留存收益；二是企业的负债，包括流动负债和长期负债。企业从投资者和债权人那里筹集来的资金，有货币资金、实物、无形资产等形态。

第二，资金的投放。企业用筹集来的资金购建生产经营所需的房屋、建筑物、设备、材料以及技术投资，形成了企业的各项资产，如企业的流动资产、企业的长期投资、企业的固定资产、企业的无形资产，以及企业递延资产和其他资产等。

第三，资金的耗费。资金耗费是指企业在生产经营过程中所发生的以价值形式表现的消费，具体表现为产品的制造成本、企业的销售费用、管理费用和财务费用等。

第四，资金的回收。资金回收是资金运动的重要环节。企业筹集和运用资金的目的是为了取得理想的收入，即所取得的收入不仅能补偿生产经营中资金的耗费，而且还能带来利润。收入是指企业在销售商品、提供劳务及让渡资产使用权等日常活动中形成的经济利益的总流入。

第五，资金的分配。资金的分配包括两个方面的内容：①企业的营业收入扣除成本、费用和各种流转税及附加税费后，补偿生产经营中资金的耗费，形成资金的初次分配。②企业的营业利润，再加（减）营业外收支净额，构成企业的利润总额。利润总额扣除所得税费用后形成净利润。企业的净利润可以在投资者之间进行分配，这是资金的二次分配。

四、企业财务管理的完善策略

第一，建立健全的内部控制制度是保障财务管理的重要一环。企业应该制定明确的财务管理政策和规定，确保财务活动的合规性和透明度。内部控制制度应包括明确的职责分工、审批流程和财务监督机制，以减少财务风险和防止内部不当行为。

第二，加强财务数据的管理和分析是提高财务管理水平的关键。企业应建立准确、及时的财务数据收集和处理系统，确保财务信息的准确性和可靠性。通过对财务数据的深入分析，企业可以及时发现问题和机会，并做出相应的决策。

第三，优化资金运作是改善财务管理的重要手段。企业可以通过合理的资金计划和管理，最大限度地利用资金资源，提高资金使用效率。例如，合理规划资金的流入流出，优化资金结构，降低财务成本，提高盈利能力。

第四，加强与金融机构和投资者的沟通是提升财务管理能力的重要途径。与金融机构建立良好的合作关系，可以为企业提供更多的融资渠道和优惠条件。与投资者保持及时沟通，分享企业的财务状况和发展计划，有助于增强投资者对企业的信心和支持。

第五，不断加强财务管理人员的专业素养和技能培养也是提升财务管理水平的重要措施。企业应该注重培养和选拔具备财务专业知识和技能的人才，并提供持续的培训和学习机会，使其紧跟财务管理领域的最新发展和最佳实践。

总之，企业财务管理的完善策略包括建立健全的内部控制制度、加强财务数据管理和分析、优化资金运作、加强与金融机构和投资者的沟通，以及提升财务管理人员的专业素养和技能培养。通过采取这些策略，企业可以提高财务管理的效果和效率，为可持续发展奠定坚实的基础。

第四节　企业人力资源管理

人力资源管理是一门新兴的学科，兴起于 20 世纪 70 年代末。"人"是组织中最重要的资产，也是竞争力的关键因素，做好人力资源管理是完成各项工作的前提和保障。企业的发展，人才为根本，建设高素质的人才队伍是实现企业可持续发展、管理水平不断提高的基础。人力资源是指一定时期内组织中的人所拥有的能够被企业所用，且对价值创造贡献作用的教育、能力、技能、经验、体力等的总称。企业人力资源管理是指企业在运营过程中对人力资源进行规划、组织、领导和控制的一系列活动。它涵盖了吸引、选择、培养、激励和留住人才的全过程，旨在确保企业能够有效地利用人力资源，实现组织目标。

一、企业人力资源管理的特征

企业人力资源管理具有以下几个特征，这些特征有助于提高企业的绩效和竞争力。

第一，战略性导向。企业人力资源管理注重将人力资源管理与企业战略相结合。它将人力资源管理纳入企业整体战略规划中，明确人力资源的战略目标和价值，确保人力资源的规划和决策与企业的长期发展目标保持一致。

第二，人才导向。企业人力资源管理将人才视为核心资源。它强调吸引、选择、培养和激励优秀的人才，建立高绩效团队。通过科学有效的人才管理，企业能够在竞争激烈的市场中保持竞争优势，实现可持续发展。

第三，系统性和综合性。企业人力资源管理是一个系统性的管理体系，涉及人力资源规划、招聘与选拔、培训与发展、绩效管理、薪酬与福利、员工关系等多个方面。这些要素相互关联、相互作用，共同支持企业的人力资源管理目标。

第四，灵活性和适应性。企业人力资源管理需要具备灵活性和适应性，以应对不断变化的内外部环境。它需要根据企业的发展需求和市场情况，调整人力资源的组织结构、人员配置和政策制度，以适应企业的变化和发展。

第五，员工发展和关怀。企业人力资源管理注重员工的发展和关怀。它关注员工的福利待遇、工作环境和员工关系，提升员工的工作满意度和忠诚度。

第六，管理科学化。企业人力资源管理借鉴管理科学的理论和方法，通过数据分析和绩效评估等手段，进行科学决策和管理。它注重量化和定量化的指标，通过有效的管理工具和信息系统，提高人力资源管理的效率和效果。

第七，持续改进。企业人力资源管理强调持续改进和学习。它不断评估和调整人力资源管理策略和做法，从经验中吸取教训，不断优化管理过程，提高管理水平和绩效，适应市场和企业的变化。

总之，企业人力资源管理的特征体现了其战略性导向、人才导向、系统性和综合性、灵活性和适应性、员工发展和关怀、管理科学化以及持续改进等方面。这些特征有助于提高企业的人力资源管理效能，使企业能够更好地应对挑战，实现可持续发展和竞争优势。

二、企业人力资源管理的任务

（一）员工招聘

企业人力资源管理应该积极关注员工招聘，这是人力资源管理的关键环节。企业只有通过招聘获得充足的人力资源，才能够具备理想的应用和管理条件。人力资源管理人员应该力求借助于多个渠道，获取企业发展所需要的所有人力资源，以此解决企业员工数量不足，所需人才类型不充分等制约企业发展的问题。人力资源管理人员密切结合企业各个部门以及生产经营环节，准确掌握所有的人力资源招聘需求。

现阶段企业员工招聘应该注重表现出较强的灵活度，尽量结合企业发展中面临的人力资源需求予以及时招聘，避免采取原有相对滞后的定期招聘模式，给企业发展形成不良影响和限制。企业员工招聘应该力求充分借助于多个路径，抓住所有的员工招聘机会，除了较为常规的校园招聘、网站招聘以及社会招聘会等渠道，企业还应该考虑到其他一些特殊渠道的应用。

（二）岗位配置

在企业人力资源管理工作开展中，员工和岗位的匹配性比较关键。要确保所有企业员工的岗位配置较为适宜合理，由此进一步优化企业员工的工作效果，避免出现人力资源严重浪费问题。

企业人力资源管理人员应该注重协调各个部门负责人，针对企业员工进行全面综合评估，明确相应企业员工在相应岗位上的胜任力，对于明显不符合岗位要求的员工予以调岗处理，促使所有员工均在自身岗位上发挥出理想的作用价值。这也就需要企业人力资源管理人员为员工岗位配置提供必要支持，促使员工岗位配置以及后续调整得到理想规划安排，尽可能避免企业中长期存在人岗不匹配问题。

当然，具体到岗位配置工作开展中，企业人力资源管理人员还应该着重考虑到企业员工的晋升，根据企业发展中出现的空缺岗位，及时选择基层员工予以填补，由此进一步优化企业运营发展效果。在企业员工晋升管理中，人力资源管理人员除了要做好基本的记录以及相关信息调整，往往还需要进行必要审查把关，确保员工晋升符合条件和要求。

（三）员工培训

企业人力资源管理还应该积极关注员工培训环节，这也是促使企业员工较好服务于企业发展的重要手段。现阶段企业人力资源开发越来越受重视，而人力资源开发的一个重要手段就是员工培训。人力资源管理人员应该在明确员工培训目标和要求后，选择适宜合理的员工培训路径，促使员工更为适应企业发展需求，且形成理想的自我成长效果。具体到企业员工培训工作开展中，人力资源管理人员应该综合分析企业发展方向以及员工自身意愿，进而更为合理地制订相应的人力资源培训计划，促使企业员工积极参与其中，以便形成较为理想的员工培训效果。在企业员工培训方式上，企业人力资源管理人员应该着重考虑员工培训的实效性，力求促使员工培训取得较为理想的成效，避免出现形式化问题。

（四）绩效考核

在企业人力资源管理工作开展中，绩效考核是核心环节，同样也是企业员工较为关心的环节，应该引起企业人力资源管理人员的高度重视。在企业绩效考核工作开展中，人力资源管理人员应该注重树立科学绩效考核管理理念，在绩效考核中体现出较强的公正性和客观性，由此促使企业员工给予高度认同，同时也对企业员工发展提供必要激励。在企业绩效考核工作开展中，管理人员应该注重协调各个部门，明确绩效考核的主要目标和依据，进而针对不同部门采取相匹配的绩效考核方案，更为准确地评估企业员工的工作状况，促使绩效考核具备理想实用价值。在此基础上，企业人力资源管理人员还应该着重考虑绩效考核方式的灵活选择，比如 KPI 绩效考核、360 度绩效考核，确保绩效考核更为适宜合理。

此外，在企业绩效考核管理中，人力资源管理人员还应该注重相应激励方式的优化，结合企业员工考核结果，给予其恰当的奖惩处理，以此更好地调动员工的积极性，促使其为了赢得更为理想的绩效考核结果而努力，最终更好地服务于企业发展。

（五）离职管理

企业人力资源管理还应该高度关注员工离职管理，以便企业员工在离职方面形成良好表现，避免因为大量员工离职，导致企业蒙受严重人才流失的风险。基于此，企业人力资源管理人员应该着重做好员工引导以及服务，通过形式多样的活动以及科学合理的管理方式，赢得企业员工认同，促使企业员工具备较高归属感。针对企业员工存在的明显负面情绪以及离职倾向，人力资源管理人员应该予以积极关注，协同相关管理人员对其进行正确引导和缓解，解除一些误会，尽量挽留人才。对于确定离职的企业员工，人力资源管理人员需要规范地办理手续，尽量避免因为员工离职出现纠纷。

三、企业人力资源管理的优化措施

（一）树立科学人才观

企业人力资源管理的优化应该首先从理念入手。管理人员应该注重树立科学人才观，明确人才的重要性，不断提升对人力资源管理的重视程度，确保人力资源管理可以较好实现对于人才的优化管理，以此更好提升人力资源管理水平。

企业人力资源管理工作人员应该纠正原有错误的人力资源观念，避免仅仅将企业员工当作简单的企业构成要素和一般资源，而是应该将员工当作重要的战略资源，明确企业人力资源的重要价值，进而有意识地不断优化人力资源管理工作，解决原有人力资源管理受轻视的问题。现阶段企业间的竞争压力越来越大，而竞争的核心之一就是人才。企业欲保持较高的竞争力，必然也就要依托企业人力资源管理工作，由此确保企业拥有充足的人力资源，且能够促使这些人力资源发挥出较强的作用价值。具体到企业人力资源管理工作开展中，管理人员应该在树立科学人才观的基础上，充分认识到现有员工的宝贵性，进而在人力资源管理中加大对于员工的关注度，促使员工形成较为理想的优化管理效果，对于原有错误的人力资源管理方法和措施形成积极转变，有效构建更为科学合理的人力资源管理机制。

（二）注重柔性管理

企业人力资源管理的优化还应该注重凸显柔性管理，这也是切实优化人力资源管理效果的发展方向。企业人力资源管理人员应该注重树立以人为本的基本理念，充分关注企业员工的基本诉求，进而有针对性地为其提供服务，为企业员工工作效果的优化创造理想条件。管理人员应该注重发挥协调作用，对于企业规章制度在适当范围内进行灵活运用，以人性取代制度，如此也就可以让员工感受到组织的温暖，有助于企业留住人才。

（三）注重全过程管理

企业人力资源管理的优化还应该体现全过程性特点，管理人员应该针对企业员工开展全过程把关控制，促使相应企业员工较好地服务于企业发展，避免出现明显的管理漏洞问题。基于此，企业人力资源管理人员应该着重围绕上述人力资源管理任务目标，促使企业员工得到实时动态关注，从最初的员工招聘，到企业员工培训，再到岗位配置、绩效考核，以及最终的员工离职，均予以重视，以便每一个员工均得到全过程的管理或者服务，避免出现管理漏洞和缺陷。为了达到这一目的，企业人力资源管理人员可以充分依托档案资料管理手段，促使每一个企业员工均存在自身独有的档案，进而在未来依托该档案进行全过程管理，促使相应企业员工能够得到准确管理。

企业员工管理应该尽量由固定的人力资源管理人员负责，以便更好完成针对该企业员工的全过程管理。如果企业人力资源管理人员出现了岗位变动或者离职现象，则需要切实做好交接工作，以便相应企业员工的资料可以得到准确交接利用，避免影响到人力资源管理的全过程性实施效果。

（四）注重人力资源开发

企业人力资源管理的优化还应该高度关注人力资源开发，这也是解决原有企业人力资源管理漏洞和缺陷的重要手段。基于此，未来企业人力资源管理工作应该着重考虑到对于企业人力资源的开发利用，促使人力资源的引入、培训、激励以及整合等得到优化处理，以此更好形成理想的企业员工工作条件，促使所有企业员工在有效提升自身综合素质和能力的基础上，更好融入企业，进而为企业发展做出较大贡献。具体到企业人力资源开发工作开展中，人力资源管理人员应该充分认识到所有员工均具备成长特点，在通过合理招聘把好源头关的基础上，还应该着重考虑到员工的后续培训和激励，由此促使员工在进入企业后形成理想的发展水平，有效实现对员工所需能力和素质的培育，由此更好完成人力资源开发工作。

为了促使人力资源在开发后形成理想的工作效果，管理人员还应该注重切实优化员工激励效果，借助企业人力资源管理中的绩效考核工作，促使员工得到充分激励，由此达到预期目标。

（五）注重协同企业发展战略

企业人力资源管理工作优化落实中，为了促使该项工作发挥出较强的作用价值，管理人员往往还需要密切结合企业发展战略，促使人力资源管理和企业发展战略形成较为理想的契合度，由此促使人力资源管理工作较好服务于企业发展战略。

企业人力资源管理人员应该重点围绕企业发展战略进行分析，明确企业发展战略践行中人力资源管理工作面临的要求，根据相应要求进行人力资源管理优化，解决人力资源管理和企业发展战略相脱节的问题。结合企业未来发展战略要求，人力资源管理人员还应该有倾向性地进行企业员工培训和引导，促使企业员工按照企业发展战略要求，合理进行职业生涯规划，进而营造出企业和员工相协调的发展关系，促使员工更好地服务于未来企业发展战略。当然，具体到企业人力资源管理中的培训活动开展时，人力资源管理人员同样需要将该发展战略规划作为重要培训内容，以便促使企业员工准确认识该发展战略，避免企业员工因为不熟悉相应发展战略，进而难以按照企业发展方向成长情况的出现。

总之，企业人力资源管理在现阶段面临更高要求，为了促使人力资源管理工作发挥出应有作用，对整个企业人力资源管理任务予以创新优化极为必要。管理人员应该注重树立科学的人才观，注重全过程管理，将人力资源开发作为工作重点和核心任务，协同企业发展战略，通过多方合作以及柔性管理模式的应用，更好实现企业员工的优化管理，为企业发展营造出理想的人力资源条件。

第五节 企业竞争管理

一、企业竞争管理的含义与特征

(一)企业竞争管理的含义

企业竞争管理是指企业为了在竞争激烈的市场环境中获得竞争优势和实现持续发展，采取的一系列管理策略和措施。它涵盖了多个方面，如市场分析、战略规划、产品创新、营销推广、客户关系管理等，旨在使企业能够应对挑战、利用机会，并在竞争中脱颖而出。

第一，企业竞争管理的含义在于深入分析市场和行业环境。企业需要对竞争对手、消费者需求、市场趋势等进行细致的研究和评估。通过了解市场动态，企业可以把握市场机会，发现自身的优势和劣势，为制定有效的竞争战略提供依据。

第二，企业竞争管理涉及制定战略规划。基于对市场的了解，企业需要确定自身的定位和发展方向。战略规划包括明确目标、制定发展策略、选择适当的业务模式等，以确保企业在竞争中有所依据和方向，实现可持续发展。

第三，产品创新是企业竞争管理中至关重要的一环。通过不断地进行研发和创新，企业可以提供具有差异化和竞争力的产品或服务。创新有助于满足不断变化的市场需求，吸引顾客注意并建立品牌忠诚度。

第四，营销推广是企业竞争管理中不可或缺的一部分。企业需要制定有效的营销策略和推广计划，以宣传和推广其产品或服务，吸引目标客户群体，并建立品牌形象。通过巧妙的市场营销，企业能够增加市场份额，提高销售额，并赢得竞争优势。

第五，企业竞争管理还强调客户关系管理。建立良好的客户关系对企业的竞争力至关重要。企业需要积极与客户互动、倾听客户反馈，并根据客户需求进行调整和改进。通过建立稳固的客户关系，企业可以提高客户满意度、保持客户忠诚度，并获得竞争优势。

总之，企业竞争管理涵盖了市场分析、战略规划、产品创新、营销推广和客户关系管理等多个方面。它旨在帮助企业在竞争激烈的市场中取得成功，并保持持续的发展。通过有效的竞争管理，企业能够适应市场变化，提高竞争力，并与竞争对手形成差异化，赢得市场份额和客户认可。

（二）企业竞争管理的特征

第一，战略导向。企业竞争管理是以战略为导向的。它涉及对市场和竞争环境的深入分析，以明确企业的目标和发展方向。竞争管理要求企业制定明确的战略规划，包括定位、目标、发展策略等，以便有效地应对竞争挑战和抓住市场机遇。

第二，系统性。竞争管理是一个系统性的过程。它要求企业在各个方面进行综合考虑和管理，包括市场分析、产品创新、营销推广、客户关系管理等。这些要素相互关联，相互影响，构成了一个有机的竞争管理体系，促使企业全面提升竞争力。

第三，持续性。竞争管理是一个持续进行的过程。在竞争激烈的市场环境中，企业需要不断适应变化，及时调整战略和策略。竞争管理要求企业保持灵活性和敏捷性，与市场同步变化，及时应对新的竞争动态和市场趋势。

第四，创新驱动。创新是竞争管理的重要特征。在竞争激烈的市场中，企业需要不断创新，提供与众不同的产品或服务，以脱颖而出。竞争管理鼓励企业进行研发和创新，不断寻找新的商机和市场空白，为企业带来竞争优势。

第五，客户导向。客户导向是竞争管理的核心。企业竞争管理强调建立良好的客户关系，满足客户需求。企业需要了解客户的需求和偏好，提供个性化的产品和服务，以赢得客户的忠诚度和口碑。客户导向是企业取得竞争优势的关键。

第六，效率与效益。竞争管理追求企业的高效率和高效益。企业需要合理配置资源，提高生产效率，降低成本，以增强竞争力。竞争管理还注重实现经济效益，通过市场份额和利润的增长来验证管理策略和措施的有效性。

总之，企业竞争管理具有战略导向、系统性、持续性、创新驱动、客户导向以及追求效率与效益的特征。这些特征帮助企业在竞争激烈的市场环境中脱颖而出，实现持续发展和竞争优势。

二、企业竞争管理的价值

企业竞争管理是现代商业环境中至关重要的一项战略活动。通过有效的竞争管理，企业可以获得多重价值，为其在市场中取得竞争优势和可持续发展奠定基础。以下是企业竞争管理的价值所在。

第一，竞争管理有助于企业实现市场份额的增长。通过精确的市场定位和差异化策略，企业能够准确把握市场需求，满足客户的个性化需求，并提供与竞争对手不同的产品或服务。这种差异化将使企业能够吸引更多的客户，增加市场份额，从而实现销售和利润的增长。

第二，竞争管理有助于提高企业的盈利能力。通过有效的成本控制、经营效率的提高和定价策略的优化，企业能够在竞争激烈的市场中保持良好的盈利水平。同时，通过创新管理和品质管理，企业能够不断提升产品或服务的附加值，增强顾客忠诚度，实现更高的销售额和更好的利润回报。

第三，竞争管理有助于企业的品牌建设和声誉塑造。在激烈的竞争环境中，一个具有良好品牌形象和声誉的企业更容易赢得顾客的信任和选择。通过专注于品质管理、客户服务和创新，企业能够树立良好的品牌形象，并建立与消费者之间的情感连接。这种品牌价值将使企业在竞争中更具吸引力，为企业带来长期的竞争优势。

第四，竞争管理还有助于企业的长期可持续发展。通过与竞争对手的监测和分析，企业可以及时了解市场动态和竞争对手的策略，及时做出调整和优化，避免被竞争对手超越。同时，竞争管理强调创新和持续改进的重要性，使企业能够适应不断变化的市场环境，不断寻找新的增长机会和业务模式，保持竞争力。

第五，竞争管理有助于企业建立良好的合作伙伴关系。在竞争激烈的市场中，与其他企业建立合作伙伴关系可以共享资源和技术，拓展市场渠道，实现互利共赢。通过合作，企业可以更有效地应对市场挑战，提高整体竞争力。

总之，企业竞争管理的价值体现在市场份额的增长、盈利能力的提高、品牌建设和声誉塑造、长期可持续发展以及合作伙伴关系的建立。企业竞争管理不仅能够帮助企业在激烈的市场竞争中取得优势，还能够为企业创造持久的商业成功。因此，企业应当重视竞争管理，制定相应的策略和措施，以实现其商业目标并保持竞争优势。

三、企业竞争管理的功能

第一，企业竞争管理有助于确定和分析市场机会。企业竞争管理通过市场研究和竞争情报收集，帮助企业了解市场趋势、消费者需求和竞争对手的策略。这种信息的获取和分析能力使企业能够准确把握市场机会，预测未来的趋势，从而制定出更具针对性和前瞻性的竞争策略。

第二，企业竞争管理促进了企业的战略规划。企业竞争管理通过对内外部环境的分析，帮助企业确定其长期目标和战略方向。企业可以评估自身的优势和劣势，并选择适合自身发展的竞争策略。这种战略规划的过程有助于企业做出明智的决策，并确保资源的有效配置和利用。

第三，企业竞争管理有助于优化资源配置。企业竞争管理通过对企业资源的评估和分析，可以确定资源的合理配置方式，以实现最佳效益。企业可以通过降低成本、提高效率和优化组织结构等措施，优化资源的利用，提高生产力和竞争力。

第四，企业竞争管理还涉及产品和服务的创新。企业需要不断创新和改进其产品和服务，以适应市场的变化和满足消费者的需求。竞争管理可以促进创新的引入和实施，通过研发和市场营销等手段，推出新产品和服务，并提供与竞争对手有差异化的价值。

第五，企业竞争管理有助于建立强大的竞争优势。企业竞争管理通过持续的竞争管理实践，企业可以打造自身独有的竞争优势，使其在市场上脱颖而出。这可以通过不断提升产品质量、建立品牌形象、提供卓越的客户服务和建立良好的关系网络等方式来实现。

总之，企业竞争管理的功能涵盖了市场机会的确定与分析、战略规划、资源优化、产品与服务创新以及建立竞争优势。通过有效地进行竞争管理，企业能够提高竞争力，取得更好的市场表现，并在竞争激烈的商业环境中持续发展。

四、企业竞争管理的完善策略

在不断变化的商业环境中，企业需要采取一系列策略来应对竞争挑战并实现持续发展。下面是几种可以帮助企业完善竞争管理的策略。

第一，企业需要建立强大的市场调研和分析能力。了解市场需求、竞争对手的优势和劣势以及行业趋势是制定竞争策略的基础。通过深入了解消费者的喜好、行为和需求，企业可以开发出更符合市场需求的产品或服务，并在竞争中脱颖而出。

第二，企业需要注重创新和研发。创新是推动企业竞争力的关键因素。不断提升产品或服务的质量、功能和特色，以满足消费者不断变化的需求，是企业取得竞争优势的关键。此外，加强研发投入，持续改进和优化产品或服务，有助于企业在市场中保持领先地位。

第三，企业应该建立良好的品牌形象和声誉。消费者对品牌的认知和信任是购买决策的重要影响因素。通过提供高质量的产品或服务，并与消费者建立稳固的关系，企业可以树立良好的品牌形象和声誉。积极参与社会责任活动，传递正面的企业价值观念，也有助于树立企业良好的社会形象。

第四，企业需要有效管理供应链和渠道。供应链的高效运作可以帮助企业降低成本、提高产品质量并缩短交货时间。与此同时，优化渠道布局和发展多元化的销售渠道，可以增加企业的市场覆盖率和销售机会。

第五，企业应该注重人才培养和团队建设。拥有高素质的员工团队是企业竞争力的重要保障。通过提供培训和发展机会，吸引和留住优秀的人才，企业可以建立起一支专业、创新和富有竞争力的团队。同时，建立良好的团队协作和沟通机制，促进团队合作，也是企业取得成功的关键。

第六，企业需要灵活应对市场变化和风险挑战。市场竞争的环境是动态变化的，企业应该保持敏锐的洞察力和灵活性，及时调整战略和业务模式，以适应市场的变化。同时，企业应该加强风险管理，预测和评估可能的风险，并采取相应措施来降低风险对企业的影响。

总之，企业竞争管理的完善策略涵盖了多个方面，包括市场调研和分析、创新和研发、品牌形象和声誉、供应链和渠道管理、人才培养和团队建设以及灵活应对市场变化和风险挑战等。通过采取这些策略，企业可以提升自身竞争力，取得持续发展的优势地位。

第六节　企业国际化管理

一、企业国际化发展

在现代企业管理中，企业要想做强、做大，必须提升自身国际化能力建设，进一步提升核心竞争力，才能在国际化发展大潮中持续健康发展。

（一）企业国际化发展的重要意义

第一，国际化发展能够为企业提供更大发展潜力。未来，企业要做大、做强必须走国际化发展道路，加强顶层设计，制定国际化发展战略目标和企业定位，以及具体的实施路线。一方面，企业长期发展过程中会受到各方面因素影响，可持续发展的平稳性受到挑战，没有充分解放思想，企业发展的瓶颈无法及时解决。另一方面，只有走国际化发展道路，在更宽广舞台、更高层平台上，夯实根基、锻炼能力、创造价值，才能打造和形成与战略目标相匹配的国际一流能力。

第二，国际化发展能够促进企业不断释放活力。企业必须坚持国内、国际均衡发展，抓住国际化发展的"根"与"魂"，深化改革，释放活力，全面提升业务能力建设。企业经过多年的发展，也经受住了市场环境带来的双重考验，发展基础得到了进一步夯实，是国际化发展的基础保障，也为企业"走出去"提供了自信和勇气。

第三，国际化发展能够促进国有资本走出去。就企业目前发展来看，无论是从规模、管理理念、能力水平等方面与国际同行还有较大差距，所以要提高竞争力，在国际市场中占有一席之地，提高国际竞争力，要逐步释放国有资本在国际市场的比重，这样不仅能够开拓我国企业发展的国际市场，也能使我国获得国际市场主动权。

（二）企业国际化发展的思考

第一，适应新变化，抓住新时代赋予的新机遇。变局中"危"和"机"同生并存。国内企业处于发展的重要战略机遇期，但总体形势稳中有变、变中有忧，不确定因素明显增多。要理性看待变化中的机遇和挑战，既要看到国际环境形势的不容乐观，又要看到市场主体越来越趋于多元化，同时，也要深刻认识到国际化和高质量发展能力还有欠缺，要持续深化改革。

第二，把握新形势，探索海外发展新模式。如今，全面国际化已经成为企业实现国际一流的必然形态，全体干部员工要解放思想，转变观念，要准确理解当前国家改革的总体方向和布局，增强责任感和使命感，积极投入国际化发展大潮中去，在国际市场环境中不断经受考验，经历锻炼。①以问题为导向，逐步改进并建立适应新形势下运营国际项目的新机制；②探索与国际业主、国际分包商合作新模式，提高国际项目运营能力，提升国内外资源整合能力；③创新海外党建管理模式，使海外党建与生产项目有机融合，促进海外工作全面发展，建立海外党建的"样本工程"。

第三，贯彻新任务，提升国际化能力建设新高度。企业要以国际化能力建设为契机，做好国际化能力提升，制定国际化发展策略，按照计划稳步推进实施。培养具有国际化视野与能力的技术与管理人才队伍；要敢于突破固有思维，尝试新的领域、新的方法，提升自身能力建设。夯实科技创新基础，持续推进各领域核心技术研发项目，实现技术突破。

二、企业国际化管理的特征、功能与完善策略

企业国际化管理是指企业通过跨越国际边界，拓展市场、资源和运作，以实现全球化发展的管理过程。它涉及企业在不同国家和地区开展业务，面对多样化的文化、法律、经济和政治环境，进行战略规划、组织架构、市场开拓、供应链管理等方面的管理活动。

（一）企业国际化管理的特征

第一，跨越国际边界。企业国际化管理的最显著特征就是跨越国际边界，将业务扩展到不同的国家和地区。这意味着企业需要面对多样化的文化、经济、法律和政治环境，并在不同的国家市场中开展经营活动。

第二，多元化的市场和竞争环境。企业国际化管理需要应对各种多元化的市场和竞争

环境。不同国家和地区的市场需求、消费习惯、文化背景和竞争对手都可能存在差异。企业需要针对每个目标市场制定适应性的战略，包括市场定位、产品定制、价格策略和营销手段等。

第三，复杂的运营和供应链管理。国际化经营需要面对复杂的运营和供应链管理。企业需要处理国际贸易、物流、海关和税务等方面的事务，同时管理来自不同国家和地区的供应商和分销商。有效的供应链管理可以确保产品的及时交付和质量控制，以满足全球市场的需求。

第四，跨文化沟通和人力资源管理。企业国际化管理涉及不同文化背景的员工和消费者。跨文化沟通和人力资源管理成为关键。企业需要培养具备跨文化意识和沟通能力的员工，建立有效的跨国团队合作机制，并了解和尊重不同国家和地区的法律、习俗和价值观念。

第五，高度的灵活性和适应性。企业国际化管理需要具备高度的灵活性和适应性。国际市场环境和商业条件可能随时发生变化，企业需要及时调整战略和运营模式，以适应不同国家和地区的市场需求和竞争挑战。灵活性和适应性使企业能够在不断变化的国际竞争中保持竞争优势。

第六，风险管理和合规性。企业国际化管理面临着各种风险，包括政治风险、法律风险、汇率风险和市场风险等。企业需要进行风险评估和管理，制定相应的风险控制策略。此外，企业还需要遵守不同国家和地区的法律法规，确保合规性，防止潜在的法律和声誉风险。

总之，企业国际化管理具有跨越国际边界、多元化的市场和竞争环境、复杂的运营和供应链管理、跨文化沟通和人力资源管理、高度的灵活性和适应性，以及风险管理和合规性等特征。了解和应对这些特征，可以帮助企业有效地管理国际化业务，实现全球化发展的目标。

（二）企业国际化管理的功能

企业国际化管理是企业在全球范围内开展业务的管理过程，具有多种功能，以下是其中几个重要的功能。

第一，市场拓展功能。企业国际化管理可以帮助企业实现市场的拓展和增长。通过进入新的国家和地区市场，企业可以扩大其潜在客户群体，并开拓新的销售渠道。国际化管理使企业能够利用全球市场的机会，获取更多的市场份额和收入。

第二，资源获取功能。企业国际化管理可以帮助企业获取更多的资源。在国际化过程中，企业可以利用外部资源，如资金、技术、原材料和人力资源等。通过与合作伙伴的合作、跨国并购或建立海外分支机构，企业可以获取更广阔的资源网络，提高自身的竞争力和资源优势。

第三，创新与技术引进功能。国际化管理促进了企业创新和技术引进的能力。进入新的国家和地区市场，企业将面临不同的消费者需求和竞争环境，这促使企业进行创新，开发符合当地市场需求的产品或服务。同时，国际化管理也为企业带来了技术引进的机会，通过与跨国合作伙伴的合作，企业可以引进先进的技术和管理经验。

第四，成本优化功能。企业国际化管理可以实现成本优化的目标。通过在全球范围内的生产和供应链布局，企业可以实现成本的分散和降低。在不同国家和地区选择具有成本优势的生产地和供应商，可以降低生产和运营成本，提高企业的利润能力。

第五，学习与发展功能。国际化管理为企业提供了学习与发展的机会。在国际市场竞争中，企业需要不断学习和适应新的商业环境和管理实践。与跨国合作伙伴的合作、与竞争对手的竞争以及国际的经验交流，都可以促使企业不断提升自身的管理能力和竞争力。

第六，品牌建设与声誉管理功能。企业国际化管理可以帮助企业建立和提升品牌形象与声誉。通过进入国际市场，企业可以扩大品牌影响力，提升品牌知名度。在不同国家和地区建立良好的声誉，使企业在全球范围内获得信任和认可，进一步增强其市场竞争力。

总之，企业国际化管理具有市场拓展、资源获取、创新与技术引进、成本优化、学习与发展、品牌建设与声誉管理等多种功能。通过有效的国际化管理，企业可以实现全球市场的拓展，提升竞争力，获得可持续的发展和增长。

（三）企业国际化管理的完善策略

企业国际化管理的完善策略是关键，以确保企业在全球市场中取得成功。以下是几个重要的策略。

第一，全面市场调研和分析。在进入新的国际市场之前，企业应进行全面的市场调研和分析。这包括对目标市场的消费者需求、竞争格局、文化差异、法律法规等方面进行深入了解。通过准确的市场调研，企业可以制订针对性的战略和营销计划，以满足当地市场需求。

第二，灵活的战略规划。企业国际化管理需要具备灵活性，以应对不同国家和地区市场的变化。企业应制定灵活的战略规划，包括市场定位、产品组合、定价策略等。同时，企业还应密切关注市场动态和竞争对手，及时调整战略，以保持竞争优势。

第三，跨国合作伙伴的选择和建立。企业可以通过与跨国合作伙伴合作，获得市场渠道、资源和知识的共享。选择合适的合作伙伴可以帮助企业快速进入新的市场，并降低市场进入的风险。建立稳固的合作伙伴关系，并进行有效的沟通和协调，对于企业的国际化管理至关重要。

第四，跨文化管理和人才培养。企业在国际化过程中需要处理不同文化背景的员工和消费者。跨文化管理成为关键。企业应注重跨文化培训和人才发展，以培养具有跨文化意识和沟通能力的员工。此外，企业还应建立有效的团队合作机制，以实现不同国家和地区团队的协同工作。

第五，高效的供应链管理。供应链管理对于企业国际化管理至关重要。企业应确保供应链的高效运作，包括物流、库存管理和质量控制等方面。选择可靠的供应商和物流合作伙伴，并建立良好的合作关系，以确保产品的及时交付和质量可靠。

第六，风险管理和合规性。企业国际化管理涉及各种风险，包括政治、法律、汇率、市场等方面的风险。企业应建立完善的风险管理体系，预测和评估风险，并制定相应的风险应对策略。

总之，企业国际化管理的完善策略包括全面的市场调研和分析、灵活的战略规划、跨国合作伙伴的选择和建立、跨文化管理和人才培养、高效的供应链管理，以及风险管理和合规性。通过执行这些策略，企业可以增强其国际竞争力，实现在全球市场的成功。

三、企业国际化战略

企业国际化战略是指企业制定的在全球市场中取得竞争优势和实现目标的计划和决策。企业国际化战略是企业根据自身资源、竞争环境和市场需求等因素制定的长期发展规划。它关注的是如何选择进入国际市场的方式、目标市场的选择、产品定位、市场定价等方面。企业国际化战略强调决策和战略层面，旨在指导企业在国际市场中的发展方向和取得竞争优势。企业国际化战略则侧重于战略的决策层面，关注如何制定和实施适合企业的国际化战略以达到长期目标。

（一）企业国际化战略的意义

企业国际化战略的意义在于帮助企业实现在全球市场的竞争优势和可持续发展。以下是几个重要的意义。

第一，拓展市场份额。通过国际化战略，企业可以进入新的国家和地区市场，扩大市场份额。在本国市场面临饱和或竞争激烈的情况下，开拓国际市场可以提供更多的增长机会和潜在客户群体，实现销售和收入的增长。

第二，利用资源优势。企业国际化战略可以利用企业的资源优势，如技术、品牌、知识、资金等，进入国际市场。通过将资源应用于新的市场，企业可以实现资源的最大化利用，并获得竞争优势。

第三，提高企业竞争力。国际化战略使企业能够面对更广泛的竞争环境，迫使企业进行创新和提高竞争力。进入国际市场需要企业适应不同的文化、法律、经济和消费者需求等方面的变化，这促使企业加强研发、市场营销和运营能力，提升自身的竞争力。

第四，降低风险和依赖性。通过国际化战略，企业可以分散风险和降低对特定市场或地区的依赖性。在不同国家和地区分布业务可以降低企业受地区性风险的影响，如政治不稳定、经济衰退等。此外，多元化的国际业务布局可以减轻对单一市场或产品的依赖，提高企业的稳定性和抗风险能力。

第五，获取新的机会和创新。国际化战略使企业能够接触到全球范围内的新机会和创新。不同国家和地区市场的需求和趋势可能与本国市场不同，这为企业提供了开发新产品、服务和商业模式的机会。通过与国际合作伙伴的合作和交流，企业还可以获得来自不同文化和背景的创新思维，推动企业的创新发展。

总之，企业国际化战略的意义在于拓展市场份额、利用资源优势、提高企业竞争力、降低风险和依赖性，以及获取新的机会和创新。通过有效的国际化战略，企业可以在全球市场中获得增长和成功，实现可持续发展。

（二）企业国际化战略的关键措施

企业国际化战略是指企业通过跨越国界，进入国际市场，实施各种策略和活动，以追求全球化发展和增加市场份额的战略。国际化战略可以帮助企业扩大市场规模，降低成本，提高竞争力，并在全球范围内获取更多的机会和资源。

以下是企业实施国际化战略时可能采取的一些关键措施。

第一，市场研究和定位。企业在国际化过程中应该进行详尽的市场研究，了解目标市场的需求、竞争环境、文化差异等。根据市场研究结果，企业可以制定合适的市场定位策略，以确保其产品或服务能够满足目标市场的需求。

第二，合作伙伴关系。企业可以选择与当地企业建立合作伙伴关系，共同开拓国际市场。合作伙伴可以提供当地市场的了解、渠道资源和运营经验，帮助企业更好地适应目标市场的环境。

第三，跨国运营。企业可以在目标国家建立办事处、销售团队或生产基地，以便更好地满足当地市场需求。这包括了人力资源管理、供应链管理和物流等方面的跨国运营策略。

第四，产品定制化。企业可以根据不同国家和地区的需求，对产品进行定制化。这可以包括产品功能的调整、包装和标签的本地化，以及与当地文化和习俗的符合。

第五，品牌建设。企业在国际化过程中需要注重品牌建设。通过有效的品牌推广和市场营销活动，企业可以在国际市场上树立良好的品牌形象，提高品牌认知度和声誉。

第六，风险管理。企业在国际化过程中需要认识到面临的各种风险，如汇率风险、政治风险、法律法规风险等。企业应制定有效的风险管理策略，以减少潜在的损失和不确定性。

第七，组织文化和人才管理。企业需要关注组织文化的跨国融合和人才管理的国际化。跨文化管理能力和国际人才的吸引与留住将对企业在国际市场的成功至关重要。

总之，企业国际化战略的制定和执行需要全面考虑市场、合作伙伴、运营、产品、品牌、风险管理等多个方面的因素。通过合理规划和有效执行国际化战略，企业可以在全球范围内实现持续增长和竞争优势。

第七节　企业创业管理

一、创业的含义与环境

（一）创业的含义

创业是一个人们发现和捕捉机会并由此创造出新颖的产品或服务和实现其潜在价值的复杂过程，即是人们创业意识产生之前到企业成长的全过程。创业必须贡献出时间，付出努力，承担相应的财务的、精神的和社会的风险，并获得金钱的回报、个人的满足和独立自主。简单地说，创业就是创办企业，就是如何做生意的问题。

对创业的概念，可从以下四个方面理解。

第一，创业是一个复杂的创造过程——它创造出某种有价值的新事物。这种新事物必须是有价值的，不仅对创业者本身有价值，而且对社会也要有价值。价值属性是创业的重要社会性属性，同时也是创业活动的意义和价值。

第二，创业必须贡献必要的时间和大量的精力，付出极大的努力。要完成整个创业过程，要创造新的有价值的事物，就需要大量的时间，而要获得成功，没有极大的努力是不可能的，而且很多创业活动的初期是在非常艰苦的环境下进行的。

第三，创业要承担必然的风险。创业的风险可能有各种不同的形式，取决于创业的领域和创业团队的资源。通常的创业风险主要包括人力资源风险、市场风险、财务风险、技术风险、外部环境风险、合同风险、精神方面的风险等几个方面。创业者应具备超人的胆识，甘冒风险，勇于承担多数人望而却步的创业风险。

第四，创业将给创业者带来回报。作为一个创业者，最重要的回报可能是其从中获得的独立自主，以及随之而来的个人物质财富的满足。对于追求利润的创业者，金钱的回报无疑是重要的，对其中的许多人来说，物质财富是衡量成功的一种尺度。通常，风险与回报呈正相关关系。创业带来的回报，既包括物质的回报也包括精神的回报，它是创业者进行创业的动机和动力。

（二）创业的环境

我们正处在一个创业环境日益宽松、创业机会日趋增多的创业时代。发展创业型经济，不仅是创新型国家建设的重要举措，还是中国在 21 世纪全球经济战中赢得胜利的重要法宝。这些不断变化的环境趋势，为我们提供了前所未有的创业机会，主要表现如下。

第一，外部环境（技术、市场和政策等）的变化、市场信息的不对称、产业结构的调整、社会人口的变化，以及尚未得到满足的原有需求或因尚未解决的问题所引发的新需求，为我们提供了市场型创业机会。市场型创业机会的主要来源有：凭借高技术手段才能满足的需求、市场环境变化引发的消费新需求、发达国家和地区对落后区域的示范效应或者产业转移所带来的市场需求。

第二，技术的发展趋势为我们创造或带来技术型创业机会。新的技术突破，特别是"非连续性创新"为创业者提供了创业的"技术来源"。寻找技术型创业机会的主要路径有：显示新功能的新技术的出现、新技术替代旧技术、"竞争前技术"的新突破、国家或区域之间"技术势差"引发的技术转移与扩散、新技术带来的新的技术问题。

第三，政策变化带来的政策型创业机会。政策变化使得创业者可以去做原本"不允许做"的事情，促使创业者去做原本"不必做"的事情。政策型创业机会主要从经济体制的变革、宏观发展战略的调整以及产业规制政策的变化中产生，这些政策变化为创业者提供了有利机遇和通道。

创业不仅需要恰当的时机，还需要获取创业的资金、人才、信息、技术、环境、政策等诸多方面的资源。在全面贯彻落实党提出的"提高自主创新能力，建设创新型国家"和"促进以创业带动就业"及"大众创业，万众创新"的战略背景下，创业者获取创业资源的有利通道业已形成，时机业已成熟。创业环境中的融资、人才资源、信息资源、技术资源以及国家和地区创业政策等资源越来越丰富。

二、企业创业管理的特征与功能

企业创业管理是指在创业过程中，管理者所采取的一系列策略、方法和措施，以促进企业的创新、发展和成功。创业管理主要研究企业管理层的创业行为、创业精神与创新活力，以便更好地增强企业的战略管理柔性和竞争优势。

(一) 企业创业管理的特征

第一，高风险与高回报。创业管理的特征之一是面临高风险和高回报的环境。创业企业在初期面临着不确定性、市场竞争和资金压力等多种风险，但成功的创业企业也有可能获得高额回报。

第二，创新与变革。创业管理注重创新和变革，以寻找新的商业机会和突破点。创业者需要具备敏锐的洞察力和创造力，不断推陈出新，创造独有的产品、服务或商业模式，以在竞争激烈的市场中脱颖而出。

第三，灵活性与适应性。创业管理需要具备灵活性和适应性，因为创业过程中面临的环境和情况经常变化。管理者需要能够快速做出决策，灵活调整战略和运营方式，以适应市场需求的变化和竞争压力的不断增加。

第四，创业文化与团队精神。创业管理强调创业文化的建立和团队精神的培养。创业文化鼓励创新思维、冒险精神和积极进取的态度，激励员工主动参与创业活动。团队精神则是通过有效的沟通、合作和协作来实现共同目标。

第五，策略性资源配置。创业管理需要合理配置有限的资源，以实现最大化的效益。管理者需要在资金、人力资源、技术等方面进行策略性的决策，确保资源的有效利用和优化配置，以支持企业的创新和成长。

第六，市场导向与客户导向。创业管理需要密切关注市场需求和客户反馈，将市场导向和客户导向贯穿于企业的战略和决策中。通过了解客户需求、洞察市场趋势，创业企业能够提供符合市场需求的产品和服务，建立良好的市场声誉。

第七，持续学习与创业精神。创业管理强调持续学习和创业精神的培养。创业者和管理者需要不断学习、更新知识和技能，紧跟行业发展的脚步。同时，创业精神是不畏困难、勇于尝试和坚持不懈的精神，能够推动企业在竞争中持续成长。

总之，企业创业管理具有高风险与高回报、创新与变革、灵活性与适应性、创业文化与团队精神、策略性资源配置、市场导向与客户导向、持续学习与创业精神等特征。这些特征将帮助企业在竞争激烈的市场中不断创新、快速成长，并实现可持续的成功。

（二）企业创业管理的功能

企业创业管理是指在创业过程中，管理者所扮演的角色和所执行的各项功能，以促进企业的创新、发展和成功。企业创业管理的功能主要包括以下几个方面。

第一，战略规划和目标设定。创业管理的首要功能是进行战略规划和目标设定。管理者需要明确企业的使命和愿景，分析市场环境和竞争对手，制定战略目标和发展方向。这些战略规划和目标设定将为企业提供明确的发展路径和行动方向。

第二，资源整合和配置。创业管理需要管理者有效整合和配置各种资源，包括资金、人力资源、技术和物质等。管理者需要确定资源需求，寻找合适的资金来源，招募和培养优秀的人才，建立合作伙伴关系，以确保资源的有效利用和优化配置。

第三，创新与产品开发。创业管理的核心功能是推动创新和产品开发。管理者需要鼓励和促进创新思维，引导团队进行新产品或服务的研发，满足市场需求。创新可以包括产品技术的改进、创造性的营销策略、业务模式的创新等。

第四，市场营销和品牌建设。创业管理需要注重市场营销和品牌建设。管理者需要进行市场调研，了解目标客户的需求和偏好，制订营销策略和推广计划，建立品牌形象和市场声誉。市场营销和品牌建设将帮助企业吸引客户、增加市场份额，并提高企业的竞争力。

第五，组织管理和团队建设。创业管理需要管理者进行有效的组织管理和团队建设。管理者需要制定组织结构、设定工作流程和职责分工，建立高效的沟通机制和决策流程。同时，管理者需要培养团队合作精神和积极进取的企业文化，激励团队成员充分发挥潜力，共同追求企业的目标。

第六，风险管理和创业智慧。创业管理需要管理者具备风险管理的能力和创业智慧。管理者需要认识到创业过程中的各种风险，并制定相应的风险管理策略。此外，管理者还需要具备创业智慧，能够在不确定的环境中做出明智的决策，并善于应对挑战和变化。

第七，监督和评估。创业管理需要管理者进行监督和评估，以确保企业的运营和发展符合预期目标。管理者需要建立有效的绩效评估体系，监控关键指标和业务进展，及时发现问题并采取相应措施。监督和评估有助于及时调整战略和运营，保持企业的竞争优势。

总之，企业创业管理的功能包括战略规划、资源整合、创新与产品开发、市场营销与品牌建设、组织管理与团队建设、风险管理与创业智慧，以及监督和评估等。这些功能的有效执行将帮助企业在创业过程中实现创新发展，获得持续的竞争优势。

三、企业创业管理的完善策略

第一，改进传统管理方法，促进管理职能"创业化"。就目前来看，企业用于产品改善的时间也越来越少，而这就需要企业及时变革技术、组织等职能，因此企业必须使组织柔性化，才可能做到计划柔性。而组织柔性的关键在于结构和创新能力，在于不断学习的能力，在于持续提高团队合作水平的能力，在于强调获得信息的时间差，在于让控制更多地变为协同，由此可见，速度、变革和创新成为企业取胜的法宝。

第二，管理要素的逐步"软化"。企业在创业战略的实施过程中更多的是注重革新和风险承担，传统的管理方式必然会导致企业的僵化和灵活性的丧失，因此创业管理的实施势在必行，尤其是在新经济时代，劳动者在企业的工作过程中展现出与以往不同的特点。企业更多地采取"外包""资源外取"方式，组织的实际规模反而趋向于变小，虚拟组织得到了广泛的应用和发展，"非所有权控制力已成为经营管理的一个重要组成部分"。在此基础上，必须推动管理要素的逐步"软化"，在企业的创业管理中也需要更多地关注道德、伦理、信任、社会管理及文化等新的课题，从而全面开展企业的创业管理工作。

第三，创新管理方法与工具。当前在企业创业管理中使用的管理方法与工具大多是借鉴国外发达国家企业的成功经验，引入国内以后一般会比较适应大企业的管理实际，对一些中小型企业来说往往无法有效地指导创业活动，因此还有必要结合企业的实际，创新管理方法和工具。

第四，缩短研发回款周期。在企业创业过程中，一个产品从开发到正式投用往往要经历全方位、多维度测评，耗时比较长，同时研发回款周期较长，可能会导致企业的资金链条受到影响，因此还应该缩短研发回款周期。销售人员、财务人员与运营商在决策前应该就回款问题进行充分协商，保证快速回款，将优先垫付定金的客户设立为优先级客户，提供优先服务，从而激发客户付款的积极性，进而缩短回款周期。

第五，优化资金管理。企业在经营过程中主要目的就是盈利，同时经济效益的获得也会直接影响到企业的发展水平，在创业管理中也需要优化资金管理，有效控制企业的营销成本和管理成本，以便可以最大程度上保障企业的利润空间。在资金管理期间，相关管理人员需要在前期加强资金预算与核算工作，保证资金的利用率，减少资金浪费的问题，还需要积极采取杠杆来优化企业的资本结构，降低财务风险的发生概率等。通过科学的资金管理，有效保障企业在创业战略的实施中能够实现盈利的目标。

第六，重视人力资源管理。人力资源是企业发展的基石，尤其是在当前激烈的竞争环境下，人才的竞争也逐渐成为企业发展中的竞争内容。对于创业企业来说，优秀人才、高端人才资源更是决定着其创业战略的实施效果，因此在当前的创业管理中还应该重视人力资源管理工作。要结合企业的实际进行人才的聘请与培养，积极完善企业的用人机制，不断优化企业的人才机构，还要制定科学的奖惩机制，激发员工的工作积极性，要在企业的经营期间爱护人才、稳定人才，以便保障企业的稳定发展。

第七，优化高端人才培养机制。对于创业企业来说，人才作用的发挥至关重要，尤其是高端人才所具备的学识、专业才能、实践水平等，都会给企业带来较大的进步，而高端人才更是一个企业发展的重要动力。现代企业有必要建立一支符合自身发展实际的高端人才队伍，以此不断推动企业的进步发展。

总之，企业需要面对日益复杂的国内外市场环境，不少企业还处于变革的关键时期，此时必须依靠科学的创业战略实施才能够更好地为企业增添新的发展活力，使其能够拓展发展规模，制定科学的发展方向。同时，还需要利用有效的创业管理工作，通过促进管理职能"创业化"、管理要素的逐步"软化"、创新管理方法与工具、缩短研发回款周期、优化资金管理、重视人力资源管理、优化高端人才培养机制等多种举措规范企业的创业行为，以便更好地保障企业的健康、稳定以及可持续发展。

第四章
经济博弈论及其在现代企业经济管理中的运用

第一节　经济博弈论概述

经济博弈论是一门研究经济主体在相互关联中进行决策的理论框架。它涉及多个经济参与者之间的策略选择和相互作用，以及在这种互动中形成的结果和收益分配。"经济博弈论以贴近现实的方式，揭示了现代经济活动的内在规律。"[①]

一、经济博弈论的特点

经济博弈论是一门研究参与者之间相互作用和决策的理论，它具有以下几个显著的特点。

第一，多方参与。经济博弈论涉及多个参与者之间的互动和决策。这些参与者可以是个人、企业、政府或其他经济单位，他们在经济环境中做出决策并相互影响。这种多方参与的特点使得经济博弈论能够更准确地描述和分析现实世界中的经济行为。

第二，策略选择。经济博弈论关注参与者在面对决策时所采取的策略选择。这种策略选择的分析使得经济博弈论能够研究参与者之间的相互作用和竞争关系。

第三，不完全信息和不确定性。经济博弈论考虑了决策过程中的不完全信息和不确定性。参与者通常无法完全了解其他参与者的信息和意图，也无法准确预测未来的结果。在这种情况下，他们需要根据有限的信息和对未知的评估来做出决策。这种不完全信息和不确定性的存在增加了决策的复杂性和挑战性。

第四，相互依赖关系。经济博弈论认识到各方的决策和行为往往相互依赖。一个参与者的决策可能会影响其他参与者的利益和策略选择，反之则相反。这种相互依赖关系导致

---

① 胡希宁，贾小立. 博弈论的理论精华及其现实意义 [J]. 中共中央党校学报，2002 (2)：48.

了一个博弈的发生，参与者需要考虑其他参与者的反应和可能的博弈结果。相互依赖关系是经济博弈论研究的核心概念之一。

第五，博弈规则和均衡概念。经济博弈论研究博弈的规则和参与者的策略选择。博弈的规则包括参与者的行动空间、信息共享和决策顺序等方面。参与者通过选择不同的策略来追求自己的最优利益，这些策略可能是纳什均衡、占优策略、合作策略等。博弈的规则和均衡概念提供了一种分析和评价参与者策略选择的框架。

第六，非合作与合作博弈。经济博弈论研究了非合作和合作博弈。在非合作博弈中，参与者追求自己的利益，没有明确的合作机制；而在合作博弈中，参与者可以通过合作与协调来实现共同利益。经济博弈论的特点之一是研究非合作与合作博弈之间的转变和影响。

总之，经济博弈论具有多方参与、策略选择、不完全信息和不确定性、相互依赖关系、博弈规则和均衡概念，以及非合作与合作博弈等特点。这些特点使得经济博弈论成为分析和解释经济行为中参与者相互作用的重要工具和理论框架。

二、经济博弈论的意义

第一，解释行为。经济博弈论提供了一种解释经济主体之间行为和决策的理论框架。它可以帮助我们理解为什么经济参与者做出特定的决策，以及他们如何相互影响。

第二，预测结果。通过经济博弈论，我们可以推断在不同策略选择下可能出现的结果和收益分配。这有助于预测市场行为、竞争策略和经济政策的效果。

第三，设计机制。经济博弈论为设计有效的机制和制度提供了指导。通过分析参与者的激励和可能的策略选择，可以设计出激励对参与者有利的机制，促进社会效益的最大化。

第四，政策制定。经济博弈论对政策制定具有重要的指导意义。它可以帮助政策制定者了解各种政策选择可能导致的结果和影响，从而制定出更有效的政策措施。

总之，经济博弈论通过研究参与者之间的策略选择和相互作用，揭示了经济行为的一些基本原理和规律，对于理解经济现象、预测结果和制定政策具有重要价值。

三、经济博弈论的价值

经济博弈论作为一种重要的经济学理论和工具，具有广泛的价值和应用。以下是经济博弈论的几个重要价值点。

第一，分析决策和行为。经济博弈论提供了一种分析个体和组织决策行为的框架。通过研究参与者之间的相互作用和策略选择，可以更好地理解他们在经济环境中做出的决策。这有助于揭示个体和组织的动机、偏好和行为模式，为解决现实世界中的经济问题提供理论基础。

第二，解释市场和竞争。经济博弈论可以解释市场经济中的竞争和博弈行为。通过研究买方和卖方、供应商和需求者之间的互动，可以揭示市场中价格形成、市场份额分配、市场竞争策略等现象。这对于理解市场失灵、垄断行为和竞争政策等问题具有重要意义。

第三，设计机制和激励。经济博弈论对于设计有效的机制和激励制度具有重要价值。通过研究不同的博弈模型和策略，可以设计激励机制来引导参与者做出特定的行为。例如，拍卖机制的设计、合同奖励和惩罚机制的设计等，都可以利用经济博弈论的原理和方法。

第四，预测行为和决策结果。经济博弈论提供了一种预测参与者行为和决策结果的分析框架。通过分析各方的策略选择和利益追求，可以预测他们可能做出的行动，并进一步推测整个博弈的结果。这对于政府决策、企业战略和个人决策等都具有重要参考价值。

第五，政策制定和规划。经济博弈论对政策制定和规划具有指导作用。通过深入理解博弈参与者的行为和决策机制，可以制订更有效的政策措施和规划方案。例如，在环境政策中，考虑到企业之间的竞争和博弈行为，可以制定相应的激励政策，推动企业减少环境污染。

第六，解决合作与冲突问题。经济博弈论可以帮助解决参与者之间的合作与冲突问题。通过研究博弈的合作模型和策略，可以找到激励合作、避免"囚徒困境"等问题的方法。同时，博弈论还可以分析冲突博弈的策略选择和解决方案，有助于解决合作与冲突之间的复杂关系。

总之，经济博弈论在经济学和管理学领域具有重要的价值。它不仅提供了对决策和行为的深入理解，还为解决实际问题和制定有效政策提供了理论和方法支持。通过运用经济博弈论的原理和模型，可以更好地理解和解决各种经济环境中的挑战和机遇。

第二节　博弈论在营销管理中的巧妙运用

一、博弈论在企业营销管理中的影响

企业通过运用博弈论的原理和方法，可以更好地理解市场竞争的本质、消费者行为和竞争对手的策略选择，从而制定更有效的营销策略和决策。

第一，博弈论可以帮助企业分析和预测市场竞争的策略选择。企业在市场中常常需要面对其他竞争对手的行为和决策。通过博弈论的分析，企业可以研究竞争对手的策略选择，预测其可能的行为和反应，从而更好地制定自己的市场策略。

第二，博弈论可以帮助企业理解消费者行为和决策过程。消费者的购买决策往往受到各种因素的影响，如价格、产品特性、品牌形象等。博弈论提供了一种分析框架，可以研究消费者在面对不同选择时的决策行为。企业通过了解消费者的策略选择和偏好，可以更好地定位目标市场、开发产品和制定定价策略，以满足消费者需求并提高市场份额。

第三，博弈论还对企业间的合作和合作博弈产生影响。在供应链管理中，不同企业之间存在合作与竞争的关系。博弈论可以帮助企业分析供应链中的博弈关系，确定最优的合作策略和协调机制。通过合作博弈的研究，企业可以实现资源共享、成本优化和风险分担，提高供应链的效率和竞争力。

第四，博弈论还对企业的定价策略和市场竞争产生影响。企业在市场竞争中常常需要考虑价格战和价格策略的选择。博弈论提供了分析定价博弈和价格策略的工具，帮助企业预测竞争对手的定价行为和反应，从而制定适应市场竞争的定价策略，实现利润最大化。

总之，博弈论对企业营销管理产生了重要的影响。它帮助企业理解市场竞争的策略选择、消费者行为和竞争对手的策略，指导企业制定营销策略和决策，优化供应链合作，改进定价策略，提高企业的竞争力和市场表现。因此，企业可以借鉴和应用博弈论的原理和方法，实现更有效的营销管理。

二、博弈论在企业营销管理中的作用

博弈论对现代企业管理观念和方式的改变有着重要指导意义，将博弈论知识用于企业经营问题分析之中，如针对营销问题的种类、结构，构建出相应数学博弈模型，用于描述、反映市场竞争参与人的策略选择动机，以便市场主体的利益最优解。以下将详细探讨博弈论在营销管理中的作用。

第一，博弈论可以帮助企业制定竞争策略。在竞争激烈的市场环境中，企业需要了解竞争对手的行为和策略，以制定相应的反应措施。通过博弈论模型，企业可以分析竞争对手的策略选择，并根据预期结果制定自己的最优策略。例如，企业可以通过模拟博弈情景，预测不同价格策略的结果，以确定最佳的定价策略。

第二，博弈论对于建立合作关系也非常重要。在某些情况下，企业可能会选择与竞争对手合作，以实现共同利益和优势。博弈论可以帮助企业评估不同合作方案的可行性，并确定最优的合作策略。通过分析合作博弈的结果和激励机制，企业可以建立稳定的合作关系，实现资源共享、风险共担和市场占有的优势。

第三，博弈论在处理不完全信息和不确定性方面提供了有力的支持。在市场中存在着各种不确定因素和信息不对称的情况下，企业需要基于有限的信息做出决策。博弈论可以帮助企业分析不完全信息下的最优决策，并通过与竞争对手的博弈来获取更多的信息。企业可以利用博弈论的方法，进行信息收集和推断，从而降低决策的风险，并增加市场竞争的优势。

第四，博弈论对于最优决策的制定和实施也具有重要意义。在营销管理中，企业需要面对多个决策变量和目标的复杂问题。博弈论提供了一种分析框架，帮助企业评估不同决策选项的影响，并确定最优决策的实施路径。通过博弈论的方法，企业可以在市场推广、产品策略和渠道管理等方面做出明智的决策，以增加市场份额、提高盈利能力和保持竞争优势。

总之，博弈论在营销管理中具有广泛而重要的作用。它帮助企业理解市场竞争的本质，制定有效的竞争策略，建立合作关系，处理不完全信息和不确定性，并支持最优决策的制定与实施。通过运用博弈论的原理和方法，企业可以在竞争激烈的市场环境中更加灵活和智慧地进行营销管理，取得更好的业绩和持续的成功。

三、博弈论在营销管理中的应用策略

博弈论是一门研究决策和策略的数学理论，它在营销管理中的应用策略方面具有重要意义。博弈论可以帮助营销人员理解市场竞争的本质，分析竞争对手的行为，并制定有效的营销策略。以下是博弈论在营销管理中的应用策略。

第一，定价策略。博弈论可以帮助企业确定最佳的定价策略。在竞争激烈的市场环境中，企业可以利用博弈论的原理，预测竞争对手的定价策略，并相应地调整自己的定价策略。通过分析不同定价策略之间的博弈关系，企业可以最大化地提高市场份额和利润。

第二，广告策略。博弈论可以帮助企业确定最佳的广告策略。在市场上，竞争对手的广告活动会对企业的市场份额和品牌形象产生影响。通过博弈论的分析，企业可以了解竞争对手的广告策略，并制定相应的反应策略，以保持竞争优势。

第三，产品定位策略。博弈论可以帮助企业确定最佳的产品定位策略。在市场上，企业需要与竞争对手区分开来，找到自己的市场定位。博弈论可以帮助企业分析竞争对手的策略，并制定适当的定位策略，以吸引目标客户群体并提升市场份额。

第四，渠道策略。博弈论可以帮助企业确定最佳的渠道策略。在供应链中，企业需要与供应商、分销商等各个环节进行协调与合作。博弈论可以帮助企业分析各方的利益和策略，并制定合适的渠道策略，以最大限度地提高效率和利润。

第五，新产品上市策略。博弈论可以帮助企业确定最佳的新产品上市策略。在市场上推出新产品时，企业需要考虑市场反应和竞争对手的反应。博弈论可以帮助企业分析不同的市场情景，并制定相应的上市策略，以最大化地提高新产品的市场占有率和利润。

总之，博弈论在营销管理中的应用策略可以帮助企业更好地理解市场竞争和竞争对手的行为，从而制定有效的决策和策略。通过运用博弈论的原理，企业可以在激烈的市场环境中取得竞争优势，并实现可持续发展。

第三节　经济博弈论下的企业经营决策

在当今时代，经济迅速发展，经济中不确定性日益增强。企业之间的博弈深刻影响到一个企业的发展，不仅取决于自身的决策，也与其他企业密切相关，但一个企业实现自身利润最大化，要具有成熟的博弈思想且在企业管理的各个环节中采取与之最适当的决策。因此，研究博弈论与现代企业管理具有深刻的意义，能够揭示各个企业在企业运营管理中的真实想法与决策，能够使企业在面临一些艰难的环境中做出正确的选择，对企业的良性发展起到至关重要的作用，且加强对博弈与企业管理的研究有着十分重要的理论意义和极强的现实意义。

一、博弈论与现代企业经营管理的联系

（一）博弈论与现代企业经营管理之间的关系

现代企业经营管理中处处能体现博弈思想，通过掌握博弈理论来权衡调整企业的管理机制，生产方式、规模不仅能给企业带来高额的利润，亏损最小化，利润最大化，还能使企业在市场竞争中处于不败之地，企业可以根据对市场信息的掌握程度来采取相应对策，也可以洞察别的企业的决策行为来及时调整自身的决策行为，以使自身利益最大化。总之，博弈思想处处体现在现代企业管理经营。

（二）博弈论在现代企业管理的重要性

企业经营情况产生了很大变革，企业之间的互补性、依存性和约束性加强，使得企业

互助变得越发必要。企业想在激烈的市场竞争中处于不败之地，不仅要依靠实力，更要注重战略，战略在企业经营中发挥着重要作用。在企业生产函数与价格制定、产品研发、企业人员招聘、产业转移、企业经济竞争与合作、外贸谈判等问题上，博弈论都是能够帮助企业决策者做出精准决策的有效帮手。所以，作为一名合格的企业决策者，不仅要有一个灵活的头脑，敏锐的洞察力，还必须学好博弈理论，锻炼博弈思维。

二、博弈论在现代企业经营管理中的应用

现如今，博弈论发展越发成熟，越来越多的实际案例证明，博弈论已经完全熟练运用于现代企业管理经营中，如下是博弈论在现代企业管理经营中的具体运用。

（一）囚徒困境

囚徒困境是博弈论中一个极其经典且重要的模型，在企业招聘中的应用在当今形势下，人才资源已成为企业发展与竞争的关键要素，能否引进优秀的人才资源对整个企业经营管理的成功与失败起着相当重要的作用。

在企业真实的招聘过程中，为了防止应聘人员在面试过程中捏造事实，企业可以选择多种方法，在面试过程中对应聘人员进行考核，提供更好的决策信息给最佳的招聘决策。此外，企业应该建立健全员工试用制度。企业在应聘者试用期间向企业管理者提供信息，我们可以根据应聘者的工作情况，提高对应聘人员能力的了解，从而确定应聘人员的类型，为企业的人事管理提供更好、更全面的管理信息。

企业要走出竞争过程中的囚徒困境，必须从整体出发，顾全大局，着眼于整体利益，实现双方利益最大化，实现双赢。目前，企业管理者更加深切地认识到博弈论在企业决策中的重要作用，企业自身应制定适合自己的策略、制度规则等，在竞争中要采取那些有利于双方共同发展的行为决策，而非损人不利己，疯狂打压价格等，要寻求合作，顾全大局，最终实现双赢，防止出现两败俱伤的局面，只有这样企业才能良性竞争，良性发展。

（二）信息博弈

在企业博弈中，各博弈方相互了解的信息越多，就越容易做出适合自己的决策，越能洞察全局，及时调整决策，及时应对。在某市场中，各个企业是否能够具备博弈的完美信息，对该企业进行经营管理和方案制订以及其最后收益情况都有非常重要的影响，都需要精力来进行推理判断，来制定最适合自己企业经营运行的方案政策等。

在信息博弈中，企业不仅要捕捉对方全面的信息，还要根据对方信息的变化及时调整

自己的战略。市场是处于不断变化过程中的，如果要等信息完全清晰后再作决定，势必会耽误商机。因此，信息对于企业而言已经成为极其重要的生产要素之一，也是提高企业竞争力的一种非常重要的途径，更是企业是否能成为龙头企业的重要因素。

（三）智猪博弈

智猪博弈模型，也是博弈论里一个非常典型的模型，它能用来解释企业与企业竞争之间的关系，能为不同的企业提供不同的策略选择。基于智猪博弈模型，实力较强的企业可以主动出击，抢先占领市场，而实力较弱的企业需要静静等待，依靠自身的后发优势，向先进入市场的企业学习企业经营管理经验使自己逐步壮大起来，最终会形成双赢的局面。

总之，博弈论已然是现代企业管理者做出有效经营决策时一种非常有效的决策工具，在企业经营运行过程中掌握经济活动规律，提高经济决策效率发挥了极其重要的作用。对于企业经营者来说，认识学习博弈论原理，并且充分掌握博弈论的思维方法和技巧，更好地运用博弈论和博弈论思维指导企业经营，做出经营决策是非常必要和迫切的。另外，博弈论在现代企业经营管理中的应用是非常丰富的，可以说掌握了博弈论与博弈论思维就掌握了企业成功运营的一半。在未来中我们也要发掘的博弈分析工具以及在应用领域的不断拓展，相信博弈论会发展得更快更好，对经济及企业发展做出更大的贡献。

第四节　微观经济学博弈论角度下企业管理行为

一、微观经济学的概述

微观经济学是经济学的一个分支，主要研究个体经济单位（如消费者和企业）之间的决策行为和市场交互的行为。它关注的是经济体系中的个体经济主体，以及它们如何在资源有限的情况下做出决策，如何相互影响并塑造市场。

微观经济学的特征包括：①分析个体行为。微观经济学研究个体经济主体（如消费者、生产者）的决策行为和选择过程。它探讨了个体如何在面对有限资源时做出最佳决策，以满足其需求和利益。②研究市场交互。微观经济学关注市场中个体经济主体之间的相互作用和交易。它研究供求关系、价格形成机制、竞争和垄断等市场结构以及市场效率等问题。③假设理性行为。微观经济学通常基于理性行为假设，即个体在做出决策时会考虑自身的利益最大化。这种理性行为假设有助于分析个体在不同情境下的决策，预测其行为和反应。

微观经济学的价值在于：①解释经济现象。微观经济学提供了分析和解释个体经济行为和市场交互的框架。它帮助我们理解为什么消费者会做出某种购买决策，为什么企业会选择某种生产方式，以及为什么市场价格会上升或下降等现象。②支持政策制定。微观经济学为政策制定者提供了有关如何改善市场效率、促进经济增长和调整资源配置的指导。通过分析市场失灵、外部性和公共物品等问题，可以为政府制定合适的政策和规则。③个人决策的指导。微观经济学可以为个人提供有关如何做出最佳决策的指导。通过了解供求关系、价格变动和市场机制，个人可以更好地理解市场中的选择和机会，并做出适当的决策。

总之，微观经济学通过研究个体经济主体和市场交互的行为，帮助我们理解和解释经济现象，并为政策制定和个人决策提供指导，对经济学和社会有重要的价值。

二、微观经济学对企业管理的影响

"微观经济学作为一门基础学科，为企业管理等经济管理学科提供了理论和方法论指导。"① 企业管理旨在有效地组织和管理企业资源，以实现利润最大化和可持续发展。下面将详细讨论微观经济学对企业管理的影响。

第一，微观经济学的理论和概念为企业管理提供了基础。企业管理需要理解市场供求关系、价格机制、竞争模式等方面的知识，以制定合理的市场定位和策略。微观经济学的概念，如边际成本、边际效益、弹性等，帮助企业管理者在决策过程中更好地评估利益和风险，做出明智的选择。

第二，微观经济学为企业管理者提供了有关市场结构和竞争的重要见解。微观经济学研究了各种市场结构，如完全竞争、垄断、寡头垄断等，并揭示了它们对企业行为和市场结果的影响。这些理论帮助企业管理者了解市场竞争的本质，选择适当的竞争策略，并制定定价和营销战略。

第三，微观经济学的理论支持企业管理者在生产和成本方面做出决策。企业管理需要考虑如何最大化地提高生产效率和利润，同时控制成本。微观经济学的理论，如生产函数、规模经济、成本曲线等，提供了工具和模型来优化生产过程、制定最佳产量和决策成本结构。这有助于企业管理者提高生产效率、降低成本，并保持竞争力。

第四，微观经济学还为企业管理者提供了有关消费者行为和市场需求的重要洞察力。

---

① 张海姣. 基于微观经济学博弈论的企业管理行为分析 [J]. 商场现代化, 2012（1）: 12.

了解消费者的偏好、需求弹性和购买决策过程有助于企业管理者开发符合市场需求的产品和服务。通过市场调研和消费者分析，企业管理者可以更好地理解消费者的需求和期望，并制定针对性的营销策略。

第五，微观经济学为企业管理者提供了思考经济政策和外部环境因素的框架。微观经济学研究了市场失灵、外部性、公共物品等问题，帮助企业管理者理解政府政策对企业经营的影响，预测市场变化和趋势，并调整战略应对外部环境的变化。

总之，微观经济学对企业管理产生了广泛的影响。它提供了理论基础、市场见解、决策工具和市场洞察力，帮助企业管理者更好地理解市场环境，优化资源配置，制定战略决策，并提高企业的竞争力和长期可持续发展。因此，微观经济学对于有效的企业管理是不可或缺的。

三、微观经济学博弈论角度下企业管理行为的特性

微观经济学博弈论是一种研究个体之间互动和决策的理论框架，它可以用来分析企业管理行为的特性。在企业管理中，微观经济博弈论的观点提供了深入理解决策制定和战略选择的透视。

第一，博弈论强调企业管理涉及多个参与者之间的相互作用。企业在市场中与供应商、竞争对手、消费者等各方进行博弈，以追求自身利益最大化。这种博弈的特性导致了企业在制定管理策略时需要考虑其他参与者的行为和反应。企业可能会根据对手的行为做出战略调整，以获得更有利的竞争地位。

第二，博弈论强调企业管理涉及信息不完全和不对称的情况。企业在决策制定过程中常常面临着信息不对称的问题，即不同参与者拥有不同的信息水平。这种不对称信息可能导致企业在与其他参与者进行博弈时采取不同的策略。企业可能会利用信息优势来获得更好的谈判地位或市场份额。

第三，博弈论还揭示了企业管理中的合作与竞争之间的平衡。企业可以选择与其他参与者进行合作，共同追求利益最大化。然而，博弈论也表明，当存在利益冲突时，企业可能会采取竞争策略。企业管理需要在合作和竞争之间找到平衡点，以实现长期可持续的发展。

第四，博弈论还关注企业管理中的策略选择和风险考量。企业在制定管理策略时需要权衡不同的选择，评估可能的风险和回报。博弈论提供了一种分析工具，帮助企业在不确定的环境中做出决策。企业可能会运用博弈论的原则来制定策略，以最大限度地降低风险，并增加获利的机会。

总之，微观经济学博弈论为理解企业管理行为的特性提供了重要的视角。企业管理涉及多个参与者之间的博弈，存在信息不完全和不对称的情况，需要在合作与竞争之间找到平衡，以及在策略选择和风险考量中做出决策。博弈论的理论框架可以为企业管理者提供有益的思考和指导，以实现企业的长期成功。

四、微观经济学博弈论角度下企业管理行为优化策略

在微观经济学的博弈论角度下，企业管理行为的优化策略成为一个重要的课题。博弈论是研究决策者在相互影响中做出决策的一种理论框架，它能够帮助企业理解竞争环境中的相互作用，并制定出更有效的管理策略。

第一，企业可以通过博弈论的概念来优化定价策略。在市场中，企业面临其他竞争对手的竞争压力，每个企业都希望通过降低价格来吸引更多的消费者。然而，这种定价战可能导致利润的下降。通过博弈论的分析，企业可以研究竞争对手的反应和潜在行为，从而确定最佳的定价策略，以最大化自身的利益。

第二，博弈论还可以应用于企业与供应商之间的谈判过程。在供应链管理中，企业需要与供应商协商价格、交货时间等关键因素。博弈论提供了一种框架来分析谈判过程中的策略和结果。企业可以利用博弈论的原理，了解供应商的利益和偏好，并制定出更有利的谈判策略，以获得更好的交易条件。

第三，博弈论还可以帮助企业优化市场推广策略。企业在市场推广中常常面临消费者的不确定性和竞争对手的反应。通过博弈论的观点，企业可以分析不同推广策略的风险和收益，并选择最合适的策略。例如，企业可以通过博弈论的方法来决定广告宣传的内容和方式，以及与竞争对手的差异化策略。

第四，博弈论还可以指导企业在合作与竞争之间找到平衡。在某些情况下，企业可能需要与其他竞争对手进行合作，以实现双赢的局面。通过博弈论的分析，企业可以评估合作的成本和收益，并设计出有效的合作机制。同时，企业也需要在竞争中保持警惕，通过博弈论的思维，制定出应对竞争的策略，保护自身的利益。

总之，微观经济学的博弈论角度为企业管理行为的优化提供了一种有效的分析工具。通过运用博弈论的原理，企业可以优化定价策略、改进供应链谈判、优化市场推广策略，以及找到合作与竞争的平衡。这些优化策略将有助于企业在竞争激烈的市场环境中取得更好的业绩。

第五节　博弈论视域下企业强化人力资源管理的内在逻辑与实施策略

一、博弈论视域下企业强化人力资源管理的内在逻辑

人才作为企业在市场竞争中的战略资源，已经成为决定企业能否实现高效、稳健、可持续发展的关键因素，尤其是在经济结构快速升级、经济驱动亟待转换、经济增速逐步换挡的经济新常态过程中，人才在企业经营管理的重要性不言而喻。当前，我国企业在"引进来"与"走出去"的过程中，不断吸收国外先进管理经验，部分企业已经建立了现代企业管理机制与模式。

在博弈论的视域下，企业强化人力资源管理的内在逻辑可以从对内人力资源管理和对外人力资源竞争两个层面来解读。

第一，对内人力资源管理层面。博弈论视角下，企业可以将员工视为决策者，而人力资源管理就是企业与员工之间的博弈过程。企业通过提供合适的薪酬、福利、培训和发展机会等激励措施，希望吸引和留住优秀员工，使其发挥最佳水平。同时，员工也在考虑自身的利益，包括工资待遇、工作环境、晋升机会等。通过博弈论的分析，企业可以了解员工的反应和偏好，设计出更具吸引力的人力资源管理策略，以实现员工与企业的共赢。例如，企业可以通过合理的薪酬制度和绩效评估机制，激励员工提高工作表现，并提供有发展前景的晋升机会，从而吸引和留住优秀人才。

第二，对外人力资源竞争层面。企业在市场上与其他企业竞争，争夺有限的人力资源。博弈论视角下，这种竞争可以被看作一种博弈行为。企业之间在招聘、人才引进和人力资源配置上展开博弈，通过优化人力资源管理来获取竞争优势。企业需要考虑竞争对手的行为和反应，制订相应的招聘策略、培训计划和福利待遇，以吸引和留住高素质的人才。同时，企业也需要防止竞争对手挖走自身的优秀员工，采取措施增加员工的忠诚度和满意度，从而减少人力资源的流失。通过博弈论的思维，企业可以找到在竞争中取得优势的策略，从而实现对外人力资源竞争的胜出。

二、博弈论视域下企业强化人力资源管理的实施策略

在博弈论的视域下，以下是企业强化人力资源管理的实施策略。

第一，考虑长期利益。博弈论提醒企业考虑长期利益与短期利益之间的权衡。在人力

资源管理中，企业需要综合考虑员工的发展和福利，以及企业的长期发展目标。通过制定可持续的人力资源管理策略，企业能够在博弈中更好地平衡各方的利益。

第二，分析利益相关者。利用博弈论的思维，企业需要识别和分析与人力资源管理相关的利益相关者，包括员工、管理层、股东等。了解不同利益相关者之间的利益冲突和合作关系，为制定有效的人力资源管理策略提供基础。

第三，优化招聘和选拔。博弈论视角下，企业应该考虑竞争对手在招聘和选拔方面的策略。通过分析竞争对手的行为和反应，企业可以优化自身的招聘和选拔策略，吸引和留住高素质的人才。同时，企业也需要关注候选人的策略和选择，以确保选出适合企业的人才。

第四，建立学习型组织。博弈论强调决策者的学习和适应能力对博弈结果的影响。在人力资源管理中，企业可以致力于建立学习型组织，鼓励员工不断学习和创新，适应变化的市场环境。通过提供培训和发展机会，企业可以增强员工的竞争力和适应能力，从而在博弈中获取优势。

第五，立足制度设计。立足企业管理制度设计，是企业强化人力资源管理的基础策略。企业必须强化人力资源管理工作，其本质就是要构建并优化企业人力资源管理制度设计，目标是要明确企业岗位的权责利。①明确各岗位的职责与权限，尽量避免责任与权限的交叉布置，同时还要进一步细化各岗位的人员素质要求。②建立覆盖所有员工的绩效评价及考核制度，并且适时公开、公平、公正地进行公布表彰，形成透明化的人力资源绩效考核管理机制。③增加企业管理制度的人性化要素，要做有温度的人力资源管理，充分考虑员工的需求与反馈，不断优化人力资源管理制度。④要重视对人力资源管理部门的激励约束，要注重对人力资源管理部门的考核，提升人力资源管理部门对企业发展的贡献度。

第六，建立合作与协调机制。博弈论提供了理解合作与协调的框架。企业可以鼓励员工之间的合作与协作，建立团队合作机制，以实现共同目标。同时，企业也需要制定相应的奖励和评价机制，激励员工在合作中展现出积极的行为。

第七，设计激励机制。博弈论强调在博弈过程中的奖励和惩罚对决策者的影响。在人力资源管理中，企业可以设计激励机制，如绩效奖金、晋升机会和培训发展计划等，以激励员工为企业创造价值，并使其在博弈中选择符合企业利益的行为。

第八，加强企业内部文化建设，提升企业员工的归属感。加强企业内部文化建设是企业强化人力资源管理的重要补充策略。企业必须加强企业内部文化建设，提升企业员工的归属感。①在工作岗位调整及安排要在考虑客观情况的基础上，尽可能多地尊重员工的选择，并且给予足够的心理引导与情绪管理。②要注重企业核心价值观念的塑造，并且通过开展党、工、团等活动来改善员工工作状态，在员工人文关怀方面给予更多的资源倾斜。③合理、适度、科学的制定员工福利制度，重视对老员工的贡献激励，也突出对新员工的培训支持，促进新老员工的融合进程，最终提升员工的企业归属感。

第六节　基于博弈论视角优化企业人力资源管理

一、基于博弈论视角优化员工招聘策略

在员工招聘中，博弈论的视角能够为优化招聘过程提供指导。博弈论作为一种数学模型和分析工具，可以帮助我们理解招聘过程中的利益冲突和合作机会，从而提供决策的依据。

第一，招聘过程中的利益相关方。在招聘过程中，存在多个利益相关方，包括企业、求职者和招聘代理。我们将介绍每个利益相关方的角色和目标。企业希望招聘到最适合岗位的员工，求职者追求获得满意的职位和薪酬待遇，而招聘代理则扮演着连接企业和求职者之间的中介角色，追求自身的利益最大化。

第二，求职者的策略选择。在这一部分，我们将分析求职者在招聘过程中可能采取的策略。求职者可以通过自我包装、强调优势和能力来提高自己的竞争力。他们也可能选择在招聘过程中隐瞒某些信息，以增加自己的谈判筹码。我们将探讨这些策略选择的影响因素，包括个人价值观、市场竞争环境和招聘方的要求。

第三，企业的策略选择。这一部分将讨论企业在招聘过程中可能采取的策略。企业可以通过制定明确的招聘标准和要求来筛选求职者，以确保招聘到符合岗位需求的人才。此外，他们还可以采用不同的面试方法和评估工具来评估求职者的能力和适应性。我们将探讨这些策略选择对招聘结果的影响。

第四，求职者与企业的博弈分析。利用博弈论的工具和模型，我们将分析求职者和企业之间的博弈关系。在招聘过程中，存在信息不对称的问题，双方的信息有限，而且可能存在隐藏信息的情况。我们将探讨这种博弈关系中的合作与竞争因素，如何应对信息不对称问题等。

第五，优化招聘策略。在这一部分，我们将提出基于博弈论视角的优化建议。首先，建立信任机制是关键的一步，它有助于减少信息不对称的影响，增强双方的合作意愿。其次，增加信息透明度，提供充分的信息和沟通渠道，能够减少信息的不确定性，提供更准

确的决策依据。最后，设计合理的奖励机制可以激励求职者和企业采取合作的策略，提高招聘效率和结果。

通过博弈论的优化，我们可以帮助企业和求职者在招聘过程中做出更明智的决策，提高招聘效果和双方的满意度。这样的优化可以实现更加公平、高效和可持续的招聘过程。

二、基于博弈论视角优化员工培训策略

博弈论作为一种分析决策与策略的工具，可以在员工培训中发挥重要作用。它帮助我们理解培训过程中的各种利益相关方之间的相互作用和策略选择。博弈论可以提供一种框架，使企业能够更好地制定培训策略、激励员工并优化培训效果。在员工培训中，博弈论视角的优化可以通过以下结构来呈现。

第一，培训过程中的利益相关方。在员工培训中，涉及多个利益相关方，包括企业、员工和培训机构等。企业希望通过培训提升员工的能力水平，提高生产效率和竞争力；员工则希望通过培训获得新知识和技能，提升个人发展和职业竞争力；培训机构则提供专业的培训服务，帮助企业和员工实现培训目标。

第二，员工的学习策略选择。在培训过程中，员工可能会采取不同的学习策略。一些员工可能会积极主动地参与培训，努力学习和应用所学知识；而另一些员工可能会敷衍应付，缺乏主动性和积极性。员工的学习策略选择可能受到多种因素的影响，如培训内容的相关性、培训方式的吸引力以及个人动机和期望等。

第三，企业的培训策略选择。企业在培训过程中也需要制定相应的策略。这包括确定培训内容和方式，以及培训资源的分配等。企业需要根据员工的需求和能力水平，以及组织的战略目标，制订相应的培训计划和方案。培训策略的选择可能涉及资源投入、时间安排、培训工具和技术的选择等方面。

第四，员工与企业的博弈分析。利用博弈论在培训过程中，员工和企业之间存在着激励机制、资源分配等方面的博弈。员工可能会根据自身的利益和动机来选择学习策略，而企业则需要设计相应的激励措施来促使员工积极参与培训并提高学习效果。博弈论可以帮助企业理解和预测员工行为，并设计合理的激励机制。

第五，优化培训策略。基于博弈论视角，可以提出一些优化建议来改进培训策略。首先，企业可以建立激励机制，通过奖励和认可来激发员工的积极性和学习动力。其次，个性化培训计划可以根据员工的需求和能力水平进行定制，提供更精准和有效的培训内容和方式。此外，企业还可以提供发展机会，如内部晋升和跨部门轮岗，以激励员工持续学习和发展。

总之，在员工培训中，博弈论的应用可以帮助企业制定更有效的培训策略，激励员工积极参与培训并提高学习效果。通过优化培训过程中的博弈关系，企业可以实现员工和组织的共赢，提升整体竞争力和可持续发展能力。

三、基于博弈论视角优化员工激励策略

员工激励在组织管理中扮演着至关重要的角色。通过博弈论的视角进行优化，可以更好地理解和应对员工激励中的挑战。下面将从几个关键方面展开论述，探讨博弈论在员工激励中的应用，以及如何优化激励策略。

第一，了解员工激励的背景和重要性对于全面理解其影响至关重要。员工激励对于企业绩效和员工动力具有重要影响。有效的激励机制能够提高员工工作动力和积极性，从而推动组织的整体表现。在这一背景下，博弈论提供了一种理论框架，可用于分析和优化员工激励过程。

第二，员工激励过程中涉及多个利益相关方，包括企业、员工和团队等。每个利益相关方都追求最大化自身利益的目标。博弈论的视角可以帮助我们更好地理解这些利益相关方之间的相互作用和冲突。企业需要设计激励机制，以平衡员工的动机与组织的目标，并提供合理的回报和福利。

第三，在员工的行为策略选择方面，博弈论可以揭示员工在激励过程中可能采取的不同策略。员工可能会选择努力工作，以获取更多的奖励和认可，也可能会选择偷懒推卸责任，以规避风险或获得非劳动所得。了解员工的行为策略选择有助于企业设计有效的激励措施，以引导员工朝着组织利益的方向努力。

第四，企业在激励过程中也需要制定相应的策略。博弈论可以为企业提供指导，帮助其制定激励机制和政策。例如，薪酬设计方面可以考虑设定基于绩效的奖励机制，激励员工在工作中付出更多努力。晋升机制方面可以建立公平、透明的晋升评估标准，激发员工的职业发展动力。

第五，通过博弈论的工具和模型，可以分析员工与企业之间的博弈关系。博弈论中的合作、竞争和囚徒困境等概念可以帮助我们理解员工与企业之间的互动模式。员工和企业在激励过程中可能会面临合作的机会，也可能陷入竞争的境地。通过深入分析博弈关系，企业可以更好地调整激励策略，以实现双赢的局面。

第六，基于博弈论的视角，可以提出一些优化激励策略的建议。首先，设定激励机制时，应充分考虑员工的行为策略选择，并制定激励措施，以引导员工朝着组织利益的方向努力。其次，建立团队合作氛围，通过团队奖励和合作项目，激发员工之间的协作和竞

争，从而提高整体绩效。此外，为员工提供公平的竞争机会，避免不公正的激励机制，以增强员工的参与度和动力。

总之，博弈论为员工激励提供了一种有力的分析和优化工具。通过理解员工激励的背景和重要性，分析利益相关方、员工行为策略选择以及企业与员工之间的博弈关系，可以优化激励策略，提高员工动力和组织绩效。企业应积极应用博弈论的原理和方法，制定科学有效的激励机制，实现员工激励的最佳效果。

四、基于博弈论视角优化绩效考评管理策略

在企业的绩效考评管理中，博弈论视角的优化可以提供一个有助于理解和改进绩效考评的框架。博弈论是一种研究决策者在相互作用中进行决策的数学理论，它可以帮助我们分析绩效考评中各方的利益冲突和行为策略选择。以下从几个关键方面展开，以呈现绩效考评中博弈论的应用。

第一，绩效考评的意义和挑战。绩效考评对于企业管理和激励起着重要作用，博弈论可以帮助我们理解这些挑战，并提供优化绩效考评的方法。

第二，绩效考评过程中的利益相关方。在绩效考评过程中，存在多个利益相关方，包括企业、员工和上级领导等。不同的利益相关方对于绩效考评结果有不同的期望和目标。博弈论可以帮助我们分析各方的利益冲突，并找到达成共识的方法。

第三，员工的行为策略选择。员工在绩效考评中可能采取各种行为策略来提高自己的评价结果。例如，他们可能夸大自己的表现或者操纵结果数据。博弈论可以帮助我们分析员工的行为策略，理解其动机，并提供相应的对策。

第四，企业的考评策略选择。企业在绩效考评中也需要制定合适的策略。这包括考核指标的设定、评价标准的确定等。博弈论可以帮助企业分析不同策略的利弊，制定出能够平衡各方利益的策略。

第五，员工与企业的博弈分析。博弈论可以用来分析员工与企业之间的博弈关系。这种博弈关系可以包括合作和竞争的情况，员工与企业在绩效考评中可能采取的不同策略，以及可能的结果和策略选择。

第六，博弈均衡与结果优化。通过博弈论的方法，我们可以探讨员工与企业之间可能达到的博弈均衡状态。博弈均衡是指在博弈过程中各方达成的一种稳定状态，其中没有一方可以通过单方面改变策略来获得更好的结果。通过优化博弈策略，可以寻求最佳的结果。

第七，博弈策略的设计与实施。为了促进员工和企业在绩效考评中的良性互动与合

作，需要设计和实施有效的博弈策略。这些策略应考虑到各方的利益，并提供激励机制和奖励机制来引导员工的行为。

第八，博弈论的局限性与应对方法。尽管博弈论提供了一种有益的分析框架，但也存在一些局限性。例如，博弈论通常基于理性决策者的假设，而现实中的决策者可能受到情绪、道德和个人偏见等因素的影响。此外，博弈论无法解决所有的绩效考评问题。因此，我们需要结合其他方法和工具，来综合考虑各种因素，并找到更全面的解决方案。

总之，绩效考评管理中的博弈论视角可以帮助我们理解和优化绩效考评过程。通过分析利益相关方的利益冲突、行为策略选择和博弈关系，设计和实施有效的博弈策略，我们可以促进员工和企业之间的合作与互动，并获得更好的绩效考评结果。然而，我们也要意识到博弈论的局限性，并寻求其他方法的补充，以实现更全面的绩效管理。

第七节　经济博弈论在会计决策中的应用

一、企业会计决策的特征与内容

企业会计决策是指企业在经营过程中，基于会计信息进行的决策活动。这些决策旨在优化企业的财务状况、实现利润最大化，并确保企业遵守相关的法律法规和会计准则。

（一）企业会计决策的特征

第一，信息依赖性。企业会计决策的特征之一是依赖于准确、全面的会计信息。会计信息是企业决策的重要基础，它提供了企业经营状况、财务状况以及利润情况等方面的数据，使管理者能够做出明智的决策。

第二，经济性。企业会计决策需要考虑经济效益和资源利用的效率。决策者需要权衡不同方案的成本与收益，选择对企业最有利的决策方案，以最大限度地提高企业效益。

第三，长期性。企业会计决策通常涉及长期的经营计划和投资决策。决策者需要综合考虑未来的市场趋势、竞争环境和技术变革等因素，以制定长远的战略规划和发展方向。

第四，不确定性。企业会计决策的环境通常存在一定的不确定性。市场变化、政策调整以及外部环境的风险等都可能对决策结果产生影响。因此，决策者需要在不确定的环境下进行预测和分析，以降低风险并做出合理的决策。

第五，多目标性。企业会计决策需要平衡不同的经营目标。除了追求利润最大化外，还须考虑市场份额、企业形象、员工福利等方面的目标。决策者需要综合权衡这些目标，制订符合企业整体利益的决策方案。

第六，决策群体化。企业会计决策通常需要多个部门和层级的参与和协调。决策者需要与财务部门、生产部门、市场部门等进行沟通和合作，共同制订决策方案，并确保决策的执行和监控。

第七，反馈性。企业会计决策是一个动态的过程。决策者需要根据决策结果进行反馈和评估，以了解决策的有效性和可行性，并在必要时进行调整和改进。

总之，企业会计决策是一个复杂的过程，需要综合考虑多种因素和利益，以制订出对企业最有利的决策方案。决策者需要依靠准确的会计信息，并在不确定的环境中进行分析和预测，以做出明智的决策。

（二）企业会计决策的基础内容

第一，投资决策。企业根据资金的可用性和预期回报率，决定是否投资于新的项目、设备或资产。这种决策通常基于财务预测、资本预算和风险评估。

第二，融资决策。企业需要决定如何筹集资金来支持其业务运营和发展。这可能包括选择适当的融资方式，如债务融资或股权融资，并评估不同融资选择的成本和风险。

第三，成本管理决策。企业需要决定如何管理和控制成本，以提高利润率和效率。这可能涉及确定生产成本、定价策略、成本节约措施以及评估不同产品线或部门的盈利能力。

第四，经营绩效评估。会计信息可以帮助企业评估其经营绩效和财务状况。基于这些信息，企业可以做出调整和改进决策，以提高效率、降低风险，并制定目标和指标来监控业绩。

第五，税务规划。企业需要根据税法规定，合法地最小化其应纳税额。会计信息可用于评估税务筹划选择的影响，如资产折旧和减值准备等。

第六，财务报告决策。企业需要决定如何编制和披露财务报表，以满足相关的会计准则和法规要求。这包括选择会计政策、会计估计和报告期间，并确保报表的准确性和可靠性。

这些决策在企业的财务管理中扮演重要角色，会计信息是支持这些决策的关键资源。然而，需要综合考虑各种因素，包括财务、经济、法律和商业环境等，以制定出最佳的企业会计决策。

二、经济博弈论在会计决策中的应用策略

经济博弈论提供了一种分析决策者之间相互影响和相互作用的方式，而这些决策者可能追求不同的利益和目标。在会计决策中，经济博弈论的应用可以帮助企业和个人更好地理解和应对不同的利益冲突和风险。

第一，经济博弈论可用于分析企业与企业之间的竞争策略。在市场经济中，企业之间经常面临价格竞争、产品差异化等问题。通过运用博弈论的工具和模型，企业可以评估不同的竞争策略，并选择最有利于自身利益的决策。例如，企业可以运用价格博弈模型来确定最佳的定价策略，以最大化市场份额和利润。

第二，经济博弈论可以应用于公司内部的管理决策。在公司内部，不同部门、员工之间可能存在着利益冲突和合作关系。通过运用博弈论的概念，企业可以设计激励机制和契约，以促使员工和部门之间实现合作和协调。例如，公司可以设计契约以激励销售人员在竞争中展现出更好的表现，同时避免道德风险和代理问题。

第三，经济博弈论在投资决策和风险管理中也具有重要的应用价值。投资者往往需要面对不确定性和风险，而经济博弈论可以提供一种分析决策者之间相互影响和策略选择的工具。通过博弈论的方法，投资者可以评估不同的投资策略和风险管理方法，并选择最适合自己的决策。例如，投资者可以运用博弈模型来分析市场操纵和信息不对称等因素对投资决策的影响。

第四，经济博弈论只是一种理论框架，实际应用中需要结合具体情况进行分析和决策。在会计决策中，考虑到会计规则和准则的约束，以及企业道德和社会责任的因素，经济博弈论的应用需要与其他方法和工具相结合，以制定全面和有效的决策策略。

总之，经济博弈论在会计决策中具有重要的应用价值。通过运用博弈论的工具和模型，企业和个人可以更好地理解和应对不同的利益冲突和风险。然而，在实际应用中需要注意结合具体情况进行分析，并将经济博弈论与其他方法相结合，以制定更全面和有效的决策策略。

第八节　企业绩效考核评价体系——基于博弈论的研究分析

企业绩效考核评价体系是衡量企业整体运营表现的重要工具，企业绩效考核评价体系是指一套用于评估和衡量企业整体绩效的体系或框架。它是企业管理中的重要工具，通过

一系列的考核指标和评估方法，对企业的运营状况、业绩表现以及目标达成情况进行评价和量化。

一、企业绩效考核评价体系的特征

第一，多维度性。企业绩效考核评价体系需要从多个角度来评估企业的绩效。它包括财务指标、市场份额、员工满意度、客户反馈等多个方面的考核指标。通过综合评估这些指标，可以更全面地了解企业的运营状况和业绩。

第二，目标导向性。企业绩效考核评价体系需要与企业设定的目标相对应。它应该能够帮助企业确定关键的绩效指标，并将其与目标进行对比和衡量。通过这种方式，企业可以明确自己的目标，并确定达到目标所需的行动计划。

第三，可量化性。企业绩效考核评价体系需要使用可量化的指标来评估企业的绩效。这些指标可以是具体的数字，如销售额、利润率等，也可以是相对指标，如市场份额的增长率、员工流失率的降低等。可量化的指标可以提供客观的数据，帮助企业进行准确的绩效评估。

第四，持续性。企业绩效考核评价体系是一个持续的过程，而不仅仅是一次性的活动。它需要在一定的时间间隔内进行评估，以便对企业的绩效进行跟踪和监控。通过定期评估，企业可以及时发现问题，并采取相应的措施进行改进和优化。

第五，反馈性。企业绩效考核评价体系应该能够提供有关绩效表现的及时反馈。这样，企业可以了解到自己的优势和劣势，并在必要时进行调整和改进。及时的反馈还可以激励员工，增强他们对绩效目标的关注和努力。

第六，公正性。企业绩效考核评价体系应该是公正的，能够公平地评估不同部门和个人的绩效。评估过程应该透明，基于客观的标准和数据，并避免主观偏见的干扰。公正的评价可以增加员工的信任和参与度，提高绩效评估的有效性。

第七，与奖惩机制的结合。企业绩效考核评价体系应该与奖惩机制相结合。通过将奖励和惩罚相结合，可以激励员工积极工作，提高绩效水平。奖惩机制应该与评价指标相对应，公平公正地对待绩效优秀和绩效不佳的个人与团队。

总之，企业绩效考核评价体系具有多维度性、目标导向性、可量化性、持续性、反馈性、公正性和与奖惩机制的结合等特征。这些特征可以帮助企业全面评估自身的绩效表现，并采取相应的措施来提高运营效率和业绩水平。

二、企业绩效考核评价体系的功能

企业绩效考核评价体系是一种重要的管理工具，它具有多种功能，有助于提高企业的运营效率和竞争力。企业绩效考核评价体系的功能如下。

第一，目标管理功能。企业绩效考核评价体系可以帮助企业明确和设定明确的目标和指标。通过制定具体、可衡量的目标，管理层可以指导员工在工作中注重重点，努力追求高绩效。这有助于提高工作的效率和质量，确保企业朝着预定的方向发展。

第二，绩效激励功能。企业绩效考核评价体系可以作为激励员工的一种手段。通过将员工的绩效与薪酬、晋升和奖励挂钩，激励员工努力工作，实现个人和企业的共同目标。这种激励机制可以激发员工的积极性和动力，提高整体团队的工作效能。

第三，反馈与改进功能。绩效考核评价体系为企业提供了对员工工作表现的定期评估和反馈机制。通过评估结果，员工可以了解自己的优势和改进的方向，并及时调整自己的工作方法和行为，提高个人能力和绩效水平。同时，企业也可以根据评估结果，发现问题和瓶颈，并采取相应的改进措施，优化工作流程和组织管理。

第四，资源配置功能。企业绩效考核评价体系可以帮助企业合理配置和利用人力、物力和财力资源。通过对员工绩效的评估，企业可以发现人力资源的优势和短板，对人员进行合理的岗位安排和培训发展，提高整体团队的工作效率和专业素质。同时，评估结果还可以为企业决策提供参考，合理调配其他资源，以支持企业的战略目标。

第五，人才管理功能。绩效考核评价体系在人才管理方面起着重要的作用。通过评估员工的绩效，企业可以识别和培养潜力员工，为他们提供晋升和发展的机会，激发他们的成长动力。同时，通过评估结果，企业可以识别绩效不佳的员工，提供必要的培训和辅导，帮助他们改进工作表现，实现个人和企业的共同发展。

第六，组织学习功能。企业绩效考核评价体系还可以促进组织学习和知识管理。通过对绩效的评估和总结，企业可以发现工作中的成功经验并吸取失败的教训，形成经验分享和学习的机制。这有助于促进知识的传递和共享，提高组织的学习能力和创新能力，使企业能够适应市场的变化和挑战。

总之，企业绩效考核评价体系具有目标管理、绩效激励、反馈与改进、资源配置、人才管理和组织学习等多种功能。通过科学有效地运用绩效评价体系，企业可以提升管理水平，激励员工发挥潜力，优化资源配置，不断学习和创新，提高企业的竞争力和可持续发展能力。

三、基于博弈论的企业绩效考核评价体系优化策略

基于博弈论的企业绩效考核评价体系优化策略可以帮助企业更有效地评估和提升绩效，以达到最佳的管理效果。

第一，建立博弈模型。基于博弈论的企业绩效考核评价体系优化策略的第一步是建立适当的博弈模型。这需要考虑到不同利益相关者之间的相互作用和利益冲突。通过对企业内部和外部利益相关者的分析，可以确定关键的决策者和他们的利益，为建立博弈模型提供基础。

第二，确定博弈策略。在基于博弈论的企业绩效考核评价体系中，决策者需要制定明确的博弈策略。这意味着在评估和决策过程中要考虑其他利益相关者的行为和反应。决策者应该寻求最佳的策略来最大化企业的整体利益，同时平衡各方的利益。

第三，设计激励机制。基于博弈论的企业绩效考核评价体系优化策略需要设计适当的激励机制。这意味着通过激励措施来引导利益相关者采取符合企业整体利益的行动。激励机制可以包括奖励制度、晋升机会、培训发展等，以激发个体和团队的积极性和创造力。

第四，考虑不完全信息。在博弈论中，决策者通常面临不完全信息的情况。基于博弈论的企业绩效考核评价体系优化策略需要考虑到信息的不对称性和不确定性。这需要建立合理的信息收集和分析机制，以便决策者可以在信息不完全的情况下做出准确的评估和决策。

第五，动态调整策略。企业绩效考核评价体系的优化策略应该是一个动态的过程。决策者需要根据实际情况和反馈信息及时调整博弈策略与激励机制。这有助于适应不断变化的市场环境和竞争压力，确保企业绩效考核评价体系的有效性和实用性。

第六，引入合作机制。在基于博弈论的企业绩效考核评价体系优化策略中，决策者还应考虑引入合作机制。这意味着利益相关者之间可以通过合作和协调来实现共同利益。企业通过建立合作关系和共享资源来提高整体绩效与竞争力。

总之，基于博弈论的企业绩效考核评价体系优化策略涉及建立博弈模型、确定博弈策略、设计激励机制、考虑不完全信息、动态调整策略和引入合作机制等方面。通过运用博弈论的思维和方法，企业可以更好地理解和应对复杂的利益相关者关系，优化绩效考核评价体系，实现持续的组织改进和发展。

第五章

经济博弈论在现代企业经济管理中的细化研究

第一节　经济权力与企业相一致博弈论

经济权力与企业相一致博弈论，是一个探讨经济体系中权力分配与企业行为之间相互关系的理论框架。在现代社会中，经济权力是社会中的一种重要资源，它决定了资源的配置、决策的制定和经济行为的展开。企业作为经济活动的主体，追求利润最大化和市场份额的扩大，是经济权力的集中体现。经济权力与企业之间的互动形成了一种博弈关系，而经济权力与企业相一致博弈论就是从博弈论的视角来研究这种互动的理论框架。

经济权力与企业相一致博弈论认为，在市场经济条件下，企业行为是在经济权力的驱动下展开的。经济权力的集中程度越高，企业的行为受到的制约越大，企业会更加倾向于遵循市场规则和竞争机制。在这种博弈关系中，经济权力的集中与企业行为的合理性是相互促进的，它们共同塑造了市场经济的运行机制。

经济权力的集中，对企业行为具有约束作用。当经济权力高度集中于少数寡头企业时，这些企业面临着更多的社会责任和监管压力。因为他们的行为对市场产生的影响更大，社会对他们的行为有更高的期望和要求。在这种情况下，企业倾向于遵守市场规则，以维护其声誉和利益。他们更加注重企业社会责任，关注环境保护、劳工权益和公平竞争，以获得公众的认可和信任。经济权力的集中使得企业更加理性地制定经营策略，注重可持续发展和长期利益。

企业行为的合理性，有助于经济权力的稳定与增长。企业在市场竞争中追求利润最大化和市场份额的扩大，但在实践中，他们必须遵守市场规则和法律法规。如果企业的行为不合理，例如，垄断行为、欺诈行为或不当竞争行为，将受到监管机构的制裁和社会的谴责。这将导致企业声誉受损、市场地位下降，甚至可能面临巨额罚款和法律诉讼。因此，企业有动力在博弈中采取合理的行为，以避免不良后果，维护自身的利益和地位。

在经济权力与企业相一致博弈中，政府在维护市场秩序和公平竞争中扮演着重要的角色。政府应加强监管力度，防止经济权力过度集中，防范垄断和不正当竞争行为，保护消费者利益和市场公平竞争的环境。同时，政府应制定和完善相关法律法规，提供法律保障和司法制度的支持，为企业提供稳定、公正的经营环境。政府与企业之间的互动与博弈，促进了经济权力与企业行为之间的相一致。

总之，在经济权力与企业相一致的博弈关系中，经济权力的集中程度影响着企业行为的合理性，而企业行为的合理性又对经济权力的稳定和增长产生影响。政府在其中扮演着监管和维护公平竞争的角色。这一理论框架对深入理解和引导现代市场经济的运行具有重要的理论和实践意义。

第二节　基于博弈论的循环经济产业链上下游企业策略选择

一、循环经济及其对企业经济管理的影响

循环经济是指一种经济系统，旨在通过最大限度地减少资源消耗、减少废物产生，并通过重新利用和再生产过程中的循环利用来实现可持续发展的目标。在循环经济中，废弃物和副产品被视为资源，而非垃圾，通过重新使用、回收、再制造和再循环利用，实现资源的最大化利用。

（一）循环经济的特征与价值

1. 循环经济的特征

循环经济是一种可持续发展的经济模式，其特征对于实现资源高效利用和环境保护至关重要。以下是循环经济的特征。

（1）资源循环利用。循环经济的核心特征在于资源的循环利用。与传统的线性经济模式不同，循环经济通过回收、再生和再利用的方式，将废弃物和副产品转化为新的资源。这种资源循环利用可以最大限度地延长资源的使用寿命，减少资源的浪费和损失。通过促进循环利用，循环经济能够减少对自然资源的依赖，降低对环境的负面影响。

（2）闭环系统。循环经济追求构建一个闭环系统，即将产品的整个生命周期纳入考虑。在传统经济模式中，产品的生产、使用和废弃往往是分离的过程。而循环经济通过将废弃物转化为新的资源，实现了生产与消费环节的无缝衔接。这种闭环系统的建立有助于

减少资源的浪费和排放，实现生产和消费的可持续性。

（3）倡导循环思维。循环经济强调培养循环思维，即在经济活动中考虑资源的循环利用。这需要企业和个人意识到资源的稀缺性，并采取措施来减少浪费和提高资源利用效率。循环思维涉及产品设计、生产过程、物资管理和废弃物处理等各个环节，通过优化资源利用，实现可持续发展的目标。

（4）创新驱动。循环经济鼓励创新和技术发展，以实现更高效的资源利用。通过研发和应用新技术、新工艺和新材料，可以降低资源消耗和环境污染。循环经济推动企业转型升级，促进产业结构的优化，从而推动经济的可持续发展。

（5）多利益相关方合作。循环经济强调多利益相关方的合作与参与。政府、企业、社会组织和个人都是循环经济的重要参与者。政府可以制定相关政策和法规，提供支持和激励措施；企业可以改善生产过程、产品设计和供应链管理，减少资源浪费；社会组织和个人可以参与废弃物回收和资源再利用等活动。多利益相关方的合作有助于促进循环经济的实施和推广。

总之，循环经济的特征包括资源循环利用、闭环系统、倡导循环思维、创新驱动和多利益相关方合作。这些特征的实施可以有效促进资源的高效利用，减少环境负担，并推动经济的可持续发展。

2. 循环经济的价值

（1）循环经济有助于减少资源的浪费。在传统的线性经济模式中，资源被使用一次后往往被丢弃或焚烧。然而，在循环经济中，废弃物被视为资源，通过回收和再利用，可以延长资源的生命周期。这不仅有助于保护自然资源，还可以减少对原始材料的需求，从而降低采矿和开发活动对环境的破坏。

（2）循环经济有利于减少环境污染。通过减少废物的产生和降低能源消耗，循环经济减少了污染物的排放。例如，通过回收和再生制造过程中产生的废水及废气，可以减少水资源的污染和空气中有害物质的释放。这有助于改善环境质量，减少对生态系统的压力，并促进可持续的生态平衡。

（3）循环经济还创造了就业机会和经济增长。循环经济模式鼓励了资源的再利用和再循环，促进了废物管理和回收行业的发展。这些行业的增长为社会创造了大量的就业机会，并促进了相关技术和创新的发展。同时，循环经济的实施还促进了企业的竞争力，减少了成本和风险，提高了资源利用效率，从而为经济带来了可持续的增长。

（4）循环经济鼓励了可持续消费和生产方式的转变。通过推动产品设计的可持续性和资源利用效率的提高，循环经济激励企业和消费者更加关注环境保护与可持续发展。这有助于塑造一个更加环保的消费观念，减少浪费和过度消费的现象，推动绿色和可再生能源的使用，促进可持续的生活方式。

总之，循环经济的价值不仅体现在资源的有效利用和环境保护方面，还包括就业机会的创造和经济增长的推动。通过实施循环经济，我们可以实现资源的可持续利用，减少环境污染，并为未来的可持续发展奠定坚实基础。只有通过共同努力，才能最大限度地发挥循环经济的潜力，创造一个更加繁荣和可持续的未来。

（二）循环经济对企业经济管理的影响

"循环经济作为全新的经济发展模式，是符合可持续发展的战略方针，同时也是促进可持续发展的重要举措。"[①] 循环经济对企业经济管理的影响如下。

第一，循环经济要求企业从传统的线性经济模式转向循环经济模式，这对企业的经济管理提出了新的要求。循环经济强调资源的回收和再利用，要求企业进行资源的有效管理和优化利用。这意味着企业需要对资源的采购、使用和处置进行全面规划和管理，以减少资源的浪费和损失，从而提高经济效益。

第二，循环经济要求企业实施废物的再利用和回收利用，这对企业的经济管理方式提出了新的挑战和机遇。废物再利用不仅可以减少企业的废物处理成本，还可以将废物转化为有价值的资源，创造新的商机和利润来源。企业需要进行废物管理的全面规划和执行，包括废物分类、回收技术的应用和废物再生产业的发展等。通过实施循环经济的废物管理措施，企业可以提高资源利用效率，减少成本，同时也有助于企业的环保形象和可持续发展。

第三，循环经济强调产品的循环设计和可持续生命周期管理，这对企业的经济管理方式提出了新的要求。产品的循环设计要求企业在产品设计阶段就考虑到产品的可再利用性和再循环性，从而降低产品的环境影响和资源消耗。这需要企业进行全面的生命周期管理，包括产品设计、原材料选择、生产过程控制、产品使用阶段的管理和废弃物处理等。通过循环设计和生命周期管理，企业可以延长产品的使用寿命，提高产品的附加值，同时降低资源消耗和环境风险。

第四，循环经济的实施对企业的供应链管理和合作伙伴关系产生了重要影响。循环经济要求企业与供应商、合作伙伴和客户之间建立更加紧密的合作关系，共同推动资源的回收和再利用。企业需要与供应商合作，选择可再生的原材料和能源，建立循环供应链，实

---

① 张琪. 循环经济背景下企业管理发展方向探析 [J]. 全国流通经济，2022 (4)：73.

现资源的闭环利用。同时，企业还需要与客户合作，推广循环经济的理念和产品，引导消费者采用可持续消费方式。这需要企业在供应链管理和合作伙伴关系方面进行创新和协调，以实现循环经济的共同目标。

总之，循环经济对企业的经济管理方式产生了重要影响。它要求企业在资源管理、废物处理、产品设计和供应链管理等方面进行创新和优化，以实现资源的有效利用、成本的降低和环境的保护。通过实施循环经济，企业不仅可以获得经济效益，还能提高企业的竞争力和可持续发展的能力。

二、产业链上下游及其对企业经济管理的影响

（一）产业链上下游的特性

产业链是指一系列相互依赖和关联的企业活动，从原材料采购、生产制造、产品销售，到最终消费者使用和废弃物处理。在产业链中，可以划分为上游和下游两个方向。

上游指的是位于产业链较靠前的环节，包括原材料供应商、零部件制造商和生产设备供应商等。上游企业向下游提供所需的原材料、零部件和设备，是产业链的起始点。它们的运营和效率对整个产业链的稳定性和成本控制起着重要作用。上游企业还承担着研发创新的责任，为下游提供具有竞争力的产品和解决方案。

下游指的是位于产业链较靠后的环节，包括产品制造商、分销商和零售商等。下游企业负责将原材料和零部件加工成最终产品，并将其推向市场进行销售。他们与消费者直接接触，承担着市场营销、销售渠道建设和售后服务等任务。下游企业对产品质量、品牌形象和客户满意度的管理至关重要，因为它们直接影响到消费者对产品的接受和市场竞争力。

产业链的上游和下游环节相互依赖，形成了相互关联的供应与需求关系。上游企业的发展和运营状况会直接影响下游企业的生产能力和成本控制。下游企业的市场需求和销售情况则会对上游企业的产能规划和供应链管理产生影响。因此，在产业链中，上下游企业之间的合作和协调至关重要。

合理的产业链协同可以带来许多好处。上游企业与下游企业的紧密合作可以实现资源的优化配置和成本的降低。信息的流通和共享也能够提高整个产业链的效率与灵活性。此外，上下游企业还可以共同推动创新和技术进步，提高产品质量和附加值，增强产业链的竞争力。

总之，产业链的上游和下游环节相互依存，紧密合作是实现产业链高效运作和可持续

发展的关键。通过协同合作，上下游企业可以共同实现资源的优化利用、成本的降低和市场的拓展，为整个产业链的发展带来更多机遇和价值。

（二）产业链上下游对企业经济管理的影响

一个企业所处的产业链中，不仅包括其直接供应商和客户，还包括各个环节的其他企业和相关机构。产业链上下游之间的关系对企业的经济管理产生着重要的影响。

第一，产业链上下游的关系影响着企业的供应链管理。上游供应商提供原材料和组件，对企业的生产和产品质量起着决定性作用。如果上游供应商的质量不稳定或交货延迟，将导致企业的生产计划受到影响，进而影响企业的生产效率和客户满意度。因此，企业需要与上游供应商建立良好的合作关系，确保供应链的稳定和高效。

第二，下游客户对企业销售和市场开拓也有重要的影响。企业的产品和服务最终面向的是下游客户，他们的需求和反馈直接影响着企业的销售和市场份额。通过与下游客户建立紧密的合作关系，企业可以更好地了解市场需求，及时调整产品和服务，提高客户满意度，增加销售额和市场份额。

第三，产业链上下游的合作与竞争也对企业的经济管理产生着重要的影响。在产业链上，各个环节的企业既是合作伙伴，又是竞争对手。合作可以带来资源共享、技术协同和市场拓展的机会，有利于降低成本、提高效率和增加利润。但同时，竞争也会对企业经营产生压力，促使其提高竞争力和创新能力。企业需要通过合理的竞争策略，平衡合作与竞争的关系，实现双赢的局面。

第四，产业链上下游的关系还影响着企业的风险管理。在供应链中，上下游环节的不稳定性和风险可能会对企业的经营造成严重影响。例如，上游供应商的倒闭、下游客户的突然减少等都可能导致企业的订单下降和资金链断裂。因此，企业需要通过建立多元化的供应链和客户群，分散风险，提高企业的抗风险能力。

总之，产业链上下游对企业经济管理产生着广泛的影响。企业需要与上游供应商和下游客户建立良好的合作关系，平衡合作与竞争的关系，建立健全的供应链和客户群，以实现稳定、高效和风险可控的经济管理。只有在产业链的全面优化和协同发展中，企业能够获得持续的竞争优势和可持续发展。

三、企业循环经济产业链构建

企业是循环经济产业链基础，企业循环经济产业链的构建是指通过有效利用资源、减少废弃物和实现循环利用，建立一个可持续发展的经济模式。在市场经济条件下企业作为理性经济单位，以追求自身利益最大化为目的，而处于循环经济产业链的上、下游企业在原料的采购、产品的生产等相关环节具有很大的差异性，加之个体厂商行为的趋利性特征不尽相同，上、下游企业的利益很难同时得到满足。

（一）企业循环经济产业链构建的必要性

企业循环经济产业链的构建对于实现可持续发展、降低资源消耗和减少环境负担具有重要的必要性。以下是企业循环经济产业链构建的几个必要性方面。

第一，资源可持续利用。当前全球资源面临日益紧缺的挑战，传统的线性经济模式已经难以满足不断增长的资源需求。通过循环经济产业链的构建，企业可以将资源循环利用，延长资源的使用寿命，减少对自然资源的过度开采，实现资源的可持续利用。

第二，废弃物减少和处理。线性经济模式中，大量的废弃物和污染物被产生并排放到环境中，给生态系统和人类健康带来威胁。通过循环经济产业链的构建，企业可以将废弃物转化为资源，进行回收和再利用，减少废弃物的产生量，降低对环境的污染。

第三，成本节约和效率提高。循环经济产业链的构建可以帮助企业实现成本节约和效率提高。通过回收和再利用资源，企业可以减少原材料和能源的消耗，降低生产成本。同时，通过优化产品设计和延长产品生命周期，企业可以提高产品质量和品牌声誉，增加市场竞争力，获得更高的利润。

第四，创新和竞争优势。循环经济产业链的构建鼓励企业进行创新，寻找新的资源利用方式和商业模式。通过开发循环经济相关的新产品、技术和服务，企业可以在市场上获得竞争优势，并满足消费者对可持续产品的需求。循环经济的创新还可以促进企业间的合作与共享，形成新的商业生态系统。

第五，环境保护和可持续发展。构建循环经济产业链是企业履行社会责任的重要方式之一。通过减少资源消耗、废弃物排放和环境污染，企业可以减轻对生态系统的压力，保护自然环境。同时，循环经济的实践也符合可持续发展的理念和目标，为企业长期发展提供可靠的基础。

总之，企业循环经济产业链的构建是必要的，因为它可以实现资源的可持续利用、减少废弃物产生、降低成本、提高效率、促进创新和竞争优势，同时也有助于环境保护和可持续发展。对于企业来说，构建循环经济产业链不仅是一种责任和义务，也是一个具有巨大商业潜力的战略选择。

（二）企业循环经济产业链构建的步骤

以下是企业循环经济产业链构建的关键步骤。

第一，资源评估和管理。企业首先需要评估和管理其资源使用情况。这包括对原材料、能源和水资源的消耗进行审查和监测，以确定潜在的浪费和效率改进机会。通过有效的资源管理措施，企业可以减少资源消耗，并为循环经济建设奠定基础。

第二，产品设计和创新。企业应将循环经济理念融入产品设计和创新过程中。这包括优化产品生命周期，采用可再生材料、可拆卸组件和可循环利用的设计。通过设计出可持续的产品，企业可以延长产品寿命周期，减少废弃物的产生，并为后续循环利用提供便利。

第三，回收和再制造。企业应建立回收和再制造的系统，将废弃物转化为资源。这包括建立回收网络，收集、分拣和处理废弃物，并将其重新加工成可用的原材料。通过回收和再制造，企业可以减少资源的消耗，节约成本，并降低对自然环境的负面影响。

第四，合作伙伴关系。企业需要与供应商、客户和其他利益相关者建立紧密的合作伙伴关系，共同推动循环经济产业链的构建。合作伙伴可以共享信息、资源和技术，提供支持和协助，共同开发创新解决方案，并共同承担责任。通过合作，企业可以实现资源的共享和循环利用的最大化。

第五，宣传和教育。企业应加强内外部的宣传和教育，提高员工和社会大众对循环经济的认识和理解。这可以通过组织内部培训、外部宣传活动和参与社区教育等方式实现。宣传和教育可以增强人们对循环经济的支持和参与度，推动循环经济产业链的建设和发展。

通过以上关键步骤，企业可以逐步构建起一个循环经济产业链。这样的产业链可以实现资源的有效利用、废弃物的最小化，并为企业带来经济、环境和社会的多重效益。同时，循环经济产业链的构建也为企业创造了更加可持续和更有竞争力的发展机会。

四、基于博弈论的循环经济产业链上下游企业策略选择建议

在循环经济产业链中，上下游企业之间的相互关系十分紧密，博弈论可以为这些企业提供策略选择的参考。

对于上游企业而言，其主要任务是资源回收和再生利用。在博弈论的框架下，上游企业可以采取合作策略，与下游企业建立长期合作伙伴关系。通过与下游企业分享技术和信息，上游企业可以更好地了解市场需求，有针对性地提供回收资源的品种和质量。同时，上游企业可以协调资源回收和再生利用的成本，共同开发更高效、更环保的回收技术，提高整个产业链的回收率和效益。

对于下游企业而言，其主要任务是利用回收资源进行再加工和生产。在博弈论的视角

下，下游企业可以采取竞争策略，以获取更多的回收资源和市场份额。下游企业可以通过技术创新和产品差异化，提高产品质量和附加值，增加消费者对其产品的认可度和需求。此外，下游企业可以积极参与产业标准的制定和技术规范的制定，以引导整个产业链的发展方向，提升自身在产业链中的话语权和竞争优势。

在博弈论的指导下，上下游企业可以采取合作与竞争相结合的策略。通过合作，上游企业可以提供稳定的回收资源供给，下游企业可以实现资源的可持续利用，从而降低生产成本和环境压力。同时，通过竞争，上下游企业可以激发创新活力，提高产业链的整体效益和市场竞争力。

此外，政府在循环经济产业链中扮演着重要角色。政府可以制定相关政策和法规，鼓励和支持上下游企业的合作和创新。政府还可以提供资金和税收优惠等激励措施，引导企业加大在循环经济领域的投入。此外，政府可以加强监管和执法力度，确保产业链的公平竞争和合法运营。

总之，基于博弈论的循环经济产业链上下游企业策略选择建议如下：上游企业应积极与下游企业合作，分享信息和技术，提高回收资源的质量和供给稳定性；下游企业应通过创新和差异化竞争，提高产品质量和附加值，增加市场份额；政府应加大支持力度，制定相关政策和法规，引导企业参与循环经济产业链。通过博弈论的指导，上下游企业可以实现合作与竞争的良性循环，推动循环经济产业链的可持续发展。

第三节　循环经济发展中的政府制度设计——基于政府与企业博弈均衡

一、循环经济发展中政府的地位与作用

（一）循环经济发展中政府的地位

循环经济的发展对于实现可持续发展目标和资源高效利用至关重要，而政府在推动和引导循环经济发展中扮演着关键的角色。政府在循环经济中的地位既是政策制定者，也是监管者和推动者。

第一，政府在循环经济中的地位表现在政策制定方面。政府可以通过制定和实施相关的法律、法规和政策，为循环经济提供有力的政策支持和指导。例如，政府可以推出激励

政策，如税收减免、财政补贴和奖励措施，以鼓励企业和个人采取循环经济的实践。政府还可以制定强制性的标准和规范，以促进资源的回收和再利用，并加强对循环经济产业链的监管。

第二，政府在循环经济中的地位还表现在监管方面。政府有责任确保循环经济的实施过程中的公平竞争和合规性。政府可以制定监管措施，确保企业遵守循环经济的原则和规定，防止环境污染和资源浪费。政府还可以设立相关机构，负责监督和审查循环经济产业链的运行情况，对违规行为进行惩罚和处罚，从而维护循环经济的良好秩序。

第三，政府在循环经济中的地位还表现在推动方面。政府可以发挥示范引领作用，通过在自身运营和采购中采用循环经济的原则和实践，鼓励其他行业和企业效仿。政府还可以组织培训和宣传活动，提高公众对循环经济的认知和参与度。政府可以与企业、学术界和社会组织合作，共同研究和推动循环经济技术和创新的发展，促进循环经济的推广和应用。

总之，政府在循环经济发展中扮演着重要的角色。政府作为政策制定者、监管者和推动者，通过制定有利于循环经济发展的政策，监督和管理循环经济产业链的运行，以及推动循环经济的实施和应用，为实现可持续发展目标和资源高效利用做出积极贡献。政府的积极参与和引导将促进循环经济的健康发展，实现经济、环境和社会的可持续发展。

（二）循环经济发展中政府的作用

循环经济是一种可持续发展的经济模式，旨在通过最大限度地减少资源浪费和环境影响来实现经济增长。在循环经济发展过程中，政府扮演着至关重要的角色。下面详细阐述政府在循环经济发展中的作用。

第一，政府在循环经济中的角色是制定政策和法规。政府可以通过制定适当的政策和法规来鼓励企业和个人采取可持续的行动。例如，政府可以提供激励措施，如减税或奖励计划，以鼓励企业投资于循环经济项目。此外，政府还可以设立限制措施，如强制性的资源回收和再利用要求，以确保企业和个人遵守循环经济原则。

第二，政府在循环经济中的作用是促进创新。政府可以通过投资研究和发展项目，支持技术创新和新型循环经济解决方案的开发。政府还可以提供资金和资源，以支持创新企业和初创公司在循环经济领域的发展。此外，政府可以组织创新竞赛和奖项，以激励企业和个人提出创新的循环经济理念和解决方案。

第三，政府在循环经济中的角色是提供支持。政府可以建立循环经济基础设施，如回收和再制造设施，以支持资源回收和再利用的过程。政府还可以提供财政支持和技术援助，帮助企业和个人转型为循环经济模式。此外，政府可以开展宣传活动，提高公众对循环经济的认识，并促进消费者对可持续产品和服务的需求。

第四，政府在循环经济中的作用是推动合作。循环经济需要各利益相关方之间的合作，包括政府、企业、学术界和社会组织。政府可以促进这些各方之间的合作，建立多方合作机制和平台，共同解决循环经济面临的挑战。政府还可以促进国际合作，分享经验和最佳实践，推动全球循环经济的发展。

总之，政府在循环经济发展中发挥着重要作用。只有政府、企业和公众共同努力，才能实现可持续发展的循环经济模式，并为我们的社会和环境带来更多的益处。

二、循环经济发展中的政府与企业博弈均衡

在循环经济发展过程中，政府和企业之间存在着一种博弈关系，需要通过制度设计来实现均衡。基于博弈论的视角可以帮助我们理解和优化政府与企业之间的关系。

第一，政府在制定政策时必须面对企业的利益诉求和经济发展的压力，这就引发了政府与企业之间的博弈。

第二，企业作为循环经济的主体，也有自己的利益诉求和经营策略。企业在循环经济中需要调整传统的线性生产方式，采用循环利用的模式，这可能涉及新的技术投资和改变生产流程。然而，企业往往面临成本增加和市场竞争的压力，因此，他们在政府制定政策时会积极参与博弈，争取自身的利益最大化。

第三，在政府与企业的博弈中，制度设计起着重要的作用。政府需要建立明确的激励机制，以鼓励企业采取循环经济的做法。这可以通过制定奖励措施，如税收优惠、补贴和奖励基金等，来激励企业投入循环经济领域。同时，政府还应制定严格的环境标准和监管措施，以保证企业遵守循环经济的原则和规范。

第四，政府与企业之间需要建立良好的沟通机制和合作平台。政府可以设立循环经济发展部门或委员会，与企业代表进行定期对话和合作，共同制定政策和解决问题。通过开展研讨会、培训活动和信息交流等方式，政府与企业之间的互动可以得到加强，增进彼此的理解和信任，从而达到博弈均衡的目标。

第五，政府还可以通过市场机制来促进循环经济的发展。例如，建立碳排放交易市场，对排放过多的企业进行惩罚，激励企业降低排放并采取循环利用措施。同时，政府可以鼓励和支持循环经济相关产业的发展，为企业提供市场机会和政策支持，从而推动循环经济的广泛应用。

总之，循环经济发展中的政府与企业博弈均衡是一个复杂而关键的问题。通过基于博

弈论的视角来理解和优化这种关系，可以为政府制度设计提供指导。政府需要制定激励机制、建立沟通合作平台，并通过市场机制推动循环经济的发展。只有政府与企业之间形成良好的互动和协同，才能实现循环经济的可持续发展目标，促进经济繁荣和环境保护的双赢局面。

三、基于博弈论政府循环经济制度设计与企业博弈均衡

（一）基于博弈论的政府循环经济制度设计

政府循环经济制度的设计是基于博弈论的一项重要任务。循环经济的目标是通过最大限度地减少资源消耗和环境损害来实现可持续发展。在这个背景下，政府作为监管者和促进者的角色至关重要。运用博弈论的原理，政府可以设计一套有效的循环经济制度，以促进各利益相关方之间的合作与协调，实现资源的有效利用和环境保护。

第一，政府可以利用博弈论中的合作博弈概念来鼓励企业参与循环经济。政府可以设立一套激励机制，如减税或补贴政策，以鼓励企业在资源回收和再利用方面的积极参与。这些激励措施将为企业提供经济上的回报，从而使其更愿意采取环保措施，并与政府共同推动循环经济的发展。

第二，政府还可以利用博弈论中的非合作博弈概念来制定相应的制裁措施。对于那些违反循环经济原则的企业或个人，政府可以采取一系列的处罚措施，如罚款、吊销许可证等，以降低其不合作行为的收益，从而有效地约束其行为。这将起到警示作用，促使各方更加遵守循环经济的规则和要求。

第三，政府还可以利用博弈论的合作博弈原理来促进企业之间的合作与协调。政府可以建立平台或机制，促使企业之间共享资源和信息，协同进行循环经济项目的开发和实施。通过共同合作，企业可以实现资源的共享利用，提高整体效益，并共同承担风险和成本。政府在其中发挥着协调者的作用，确保各方的合作是公平、透明的。

第四，政府还可以利用博弈论的策略思维来制定长期的政策规划。政府可以进行长期的前瞻性分析和战略规划，预测和评估各种政策措施的影响和效果。通过综合考虑各利益相关方的利益和行为，政府可以制定出有利于循环经济发展的政策，减少各方之间的不确定性和风险，并在政策实施过程中及时调整策略。

总之，基于博弈论的政府循环经济制度设计是一项复杂而重要的任务。通过运用博弈论的原理，政府可以制定激励机制和制裁措施，促进企业之间的合作与协调，推动循环经济的发展。同时，政府还应具备策略思维，进行长期的规划和分析，以制定出更加有效和

可持续的政策措施。这样的政府循环经济制度设计将有助于实现资源的有效利用和环境的可持续发展。

（二）基于博弈论的循环经济中政府与企业博弈均衡发展

在循环经济发展博弈局中，企业是作为拥有信息优势的"代理人"一方，而政府作为制度供给的主体，就是博弈局中的"委托人"。作为"委托人"的政府，可以通过一系列的制度安排促使企业的个体理性向集体理性转化。其中的关键是政府如何设计出一种有效率的"机制"，使其能为博弈局中的企业提供足够的选择空间，并根据遇到的特殊问题，创造最有利的制度安排，从而使"代理人"的主观努力完全符合或比较符合"委托人"的利益，达到二者最佳的博弈均衡，以推动循环经济的发展。根据当前我国循环经济发展的实际，要获得双赢的均衡结果，我们必须构建政府与企业博弈均衡发展策略。

1. 合理界定政府职能，完善政府管理机制

循环经济发展中，政府需要完善管理体制，使行政部门对排污企业的治理、督导情况与工作业绩挂钩，将其作为考核的主要依据，必要时应建立对政策执行部门的再监督制度，严格规范政策执行部门的工作。

此外，必须建立和完善政府公共环境收入与支出体系，环境收支分开并纳入国家预算管理，并逐步实施以环境税代替环境收费，使政府角色定位真正实现由管理者和经营者向服务者、维护者和监督者转变。

2. 加强政府政策引导，建立信任关系与高效的信息交流促进机制

在政府和企业之间的博弈中，双方需要建立合作与信任的关系。政府可以通过与企业开展对话和协商，了解企业的需求和意见，并在政策制定过程中充分考虑这些因素。同时，政府也应该提供透明的政策环境和信息公开，使得企业能够更好地预测和规划其经营活动。企业则应积极参与政策制定和公共事务，提供专业的建议和意见，共同推动循环经济的发展。

高效的信息交流促进制度在降低交易成本、促进最优博弈均衡的实现上尤其重要。

（1）政府需要较好地做到政务信息公开，这就要求有关部门及时公布产生废弃物企业的信息、废弃物特征及潜在价值信息、循环型企业及其市场准入信息、最新的循环利用技术信息、有关的政策保障信息等各种环境信息，这样才能有效促进环境信息的广泛传播，彻底改变目前发展循环经济过程中存在的信息不对称状况。

（2）政府应营造良好的政策环境，发展环境信息服务业，并通过制定相关的法律法

规，为发展我国环境信息服务产业及循环经济保驾护航，同时引导资金流向环境信息服务业，并促进企业和科研机构联姻，实现环境信息与技术信息的有效对接。

（3）逐步完善环境信息的市场化运作机制，大力促进环保信息中介组织的迅速发展，建立高效的循环经济信息交流平台，以弥补政府信息公开不足。

3. 培养公众的循环经济主体意识，完善信息反馈机制

资源环境问题的复杂性决定了循环经济发展中公众广泛参与的必要性，而公众的参与面和参与度决定于公众的生态环保理念。

（1）政府要创建环境信息发布网络，建立绿色服务中心，加强对绿色知识的宣传和教育，加强与公众的有效沟通。

（2）政府应致力于构建一个完全信息的环境质量平台，建立信息反馈机制，鼓励公众监督企业的环境行为，及时了解企业动态，打破信息沟通和反馈的壁垒，降低群众与政府高层沟通的门槛。

（3）应充分发挥新闻媒体和非政府组织的作用。新闻媒体具有广泛的舆论代表性和非强制性监督功能，他们对热点问题和市场行情的报道在一定程度上加快了信息公开化的进程。政府可以通过建立公民激励制度，对为循环经济提出合理建议、依据事实举报环境污染线索的公众给予物质奖励，以切实增强公民在发展循环经济中的责任意识。

4. 增强政策威胁置信度，完善政府监控机制

在循环经济中，政府和企业之间的博弈可以通过博弈论的分析来寻求均衡发展。这样的博弈主要涉及政府的政策制定和监控机制以及企业的行为和利润追求。

政府可以使用博弈论的原理来制定政策，以鼓励企业采取环保和可持续发展的行动。政府可以将经济激励机制与监管措施相结合，以增强政策的威胁置信度。例如，政府可以通过提供税收减免、补贴或其他激励措施来鼓励企业采用循环经济模式，同时设立严格的环境监管标准，并对违规行为进行处罚。这种政策设置可以通过博弈论中的契约理论来分析，以确保政府和企业之间达成可信的合作。

政府还可以借助博弈论的思想来完善监控机制，以确保企业按照政策规定的要求进行经营。政府可以引入监测和惩罚机制，例如，建立有效的监察系统、严格的审计制度和举报机制，以及实施有效的制裁措施。这些监控机制的目标是增强政府对企业行为的可观测性，从而降低企业逃避监管的概率。同时，政府还可以与企业进行信息共享，加强沟通与合作，以便更好地监控企业的行为。

在政府与企业之间的博弈中，平衡发展是关键。政府需要在制定政策时考虑到企业的

利益和行为动机，而企业也需要意识到遵守政府规定的重要性，并在追求利润的同时考虑到环境和社会责任。通过博弈论的分析，政府和企业可以更好地理解彼此的利益和动机，从而寻求博弈均衡的发展路径。

需要注意的是，博弈论是一种分析工具，可以为政府和企业提供一种思考问题和制定策略的方法。在实际应用中，还需要考虑到具体的经济、政治和社会环境，以及相关利益方的参与和影响。综合各种因素，政府和企业可以共同努力，促进循环经济的可持续发展。

5. 强化企业"声誉"市场，建立环境信息公开披露机制

循环经济体系的最终建立，仅仅通过有形的制度对企业形成制约还不够，还要建立一种无形的制度——"声誉"。企业发展循环经济，实现绿色转变，获得了节约资源、保护环境的"声誉"，可以使其在市场上赢得更多的忠实消费者，获得企业内部各方利益相关者的理解和支持，甚至以更低的成本进行融资，提高企业利润，真正实现自然生态环境承载能力下经济效益的持续稳定增长。我们可以通过加强"声誉"市场的建设，迫使企业公开环境信息，让企业在巨大的社会舆论压力下，把企业社会形象作为经营目标之一，从而实现经济与社会效益的统一。

信息的公开披露不仅可以放大和加强惩罚机制的作用效应，而且会让更多的第三方起监督作用，从而最大限度地限制企业的机会主义倾向。为迫使企业公开其产品信息、污染物的排放情况及对环境的影响程度，政府应加快推进绿色市场认证和市场检测，包括统一的质量管理标准和制度，搞好企业自检体系建设，完善委托检验制度等。与此同时，政府还应积极倡导构建企业信用档案，加强信用监督检查等。

第四节　商家的广告与定价策略的经济学分析——基于博弈论分析

一、基于博弈论商家广告策略的经济学分析

"对商家而言，广告是一种有效的宣传渠道。"[1] 在商业领域，博弈论提供了分析商家

---

[1]　郭天忻. 商业广告记忆效果的研究 [J]. 科学咨询（教育科研），2020（1）：22-23.

广告策略的理论框架，帮助我们理解商家在市场竞争中的行为和决策。商家在制定广告策略时，通常面临着与竞争对手的博弈。它们必须考虑自身的利益和市场反应，以达到最大化利润的目标。在这个过程中，商家需要衡量不同广告策略对竞争对手行为的影响，并作出相应的反应。

博弈论中的核心概念之一是纳什均衡，纳什均衡是指在博弈中，当每个参与者选择一种策略时，没有任何参与者可以通过改变自己的策略来获得更大的利益。在商家广告策略的博弈中，商家通常会追求纳什均衡策略，以确保自身利益的最大化。

（一）基于博弈论的商家价格竞争

在价格竞争中，商家可以通过广告降低产品价格，吸引更多的消费者。然而，这种策略可能引发竞争对手的反应，导致价格战和利润下降。因此，商家需要谨慎评估价格战的风险和收益，并在竞争中选择合适的策略。

基于博弈论的商家价格竞争是一种经济领域的研究方法，用于分析商家在市场中如何制定价格并与竞争对手争夺市场份额。博弈论是研究决策制定者之间相互影响的数学模型，通过考虑各方的利益和策略，揭示了商家之间的竞争行为。

在商家价格竞争中，博弈论可以帮助我们理解各个参与方之间的互动，并预测它们可能采取的策略。一个常见的模型是所谓的"拍卖"模型，其中多个商家竞相出价以争夺一定数量的市场份额。在这种情况下，商家需要考虑自己的利益、成本、产品差异以及其他竞争对手的行为。

博弈论提供了一些常见的策略，商家可以根据这些策略来制定价格。其中最著名的策略之一是纳什均衡。纳什均衡是指在博弈中，各参与方选择的策略互相博弈的结果是一种稳定状态，即没有参与方能通过改变策略来获得更大的利益。在商家价格竞争中，纳什均衡可能会导致价格战，其中每个商家试图降低价格以吸引更多的消费者。

然而，商家在制定价格时还需要考虑其他因素。他们需要平衡价格和利润之间的关系，确保其产品或服务的质量和价值与价格相匹配。此外，他们还需要考虑市场需求和消费者行为的影响，以及与竞争对手之间的差异。

博弈论还可以用来研究商家之间的合作与合谋。在某些情况下，商家可能会选择通过合作来限制竞争，共同制定价格策略以实现更大的利润。然而，这种合谋行为可能违反反垄断法律，并可能导致对经济公平的负面影响。

总之，基于博弈论的商家价格竞争是一个复杂的领域，涉及商家之间的利益、策略和竞争行为。博弈论为我们提供了分析商家价格制定的框架，但在实际应用中，商家还需要综合考虑其他因素，如产品差异化、市场需求和消费者行为，以制定最佳的价格策略。

（二）基于博弈论的商家产品差异化

产品差异化是另一种常见的广告策略。商家通过强调产品的独有性和优势来吸引消费者。例如，他们可以突出产品的质量、功能、设计或服务。这种策略的关键在于创造与竞争对手不同的市场定位，以吸引特定的消费者群体。商家需要进行市场调研和分析，了解消费者的需求和竞争对手的优势，以制定有效的差异化广告策略。

基于博弈论的商家产品差异化是一种在竞争市场中制定和推出不同产品特性和特点的策略。在商业竞争激烈的环境中，产品差异化可以为企业带来竞争优势，吸引消费者并增加市场份额。博弈论提供了一种分析商家如何制定产品差异化策略的理论框架，以及在与竞争对手的互动中可能出现的结果。

在商家产品差异化中，博弈论可以帮助我们理解商家之间的竞争动态，并预测它们可能采取的策略。博弈论的核心是参与方之间相互影响的数学模型，商家可以利用这些模型来评估他们的竞争优势，并相应地调整产品特性以满足市场需求。

博弈论中常见的一个模型是所谓的"零和博弈"，其中各商家之间的利益是相互对立的。在这种情况下，商家需要寻找产品差异化的方法，以脱颖而出并吸引消费者。他们可能通过改进产品质量、设计独有的功能、提供个性化的服务或构建品牌形象等方式来实现产品差异化。

商家可以根据博弈论提供的策略来制定产品差异化策略。例如，一个常用的策略是"完全不同"，即通过在产品特性上与竞争对手完全不同步，创造独有的市场定位。另一个策略是"部分差异化"，即在某些方面与竞争对手相似，但在其他方面提供独有的价值，以吸引特定的消费者群体。

然而，商家在制定产品差异化策略时需要综合考虑多个因素。他们需要了解目标市场的需求和偏好，评估竞争对手的产品特点，以及考虑成本和盈利能力等因素。此外，商家还需要考虑产品差异化可能对品牌形象和市场地位的影响。

博弈论还可以用来研究商家之间的合作与竞争。有时商家可能会选择与竞争对手合作，共同开发具有独有特性的产品，以实现双方的利益最大化。然而，在合作中也存在风险，例如信息泄露和竞争对手的背叛行为。

总之，基于博弈论的商家产品差异化是一个复杂的领域，涉及商家之间的竞争动态和策略选择。博弈论为我们提供了分析商家如何制定产品差异化策略的理论工具，但在实际应用中，商家需要结合市场需求、竞争对手的行为以及自身的资源和能力，制定出最佳的产品差异化策略。

（三）基于博弈论的商家品牌建设

品牌建设是长期广告策略的重要组成部分。商家通过广告宣传来塑造和加强其品牌形象。品牌建设不仅仅是推销产品，更是在消费者心中树立信任和忠诚度。商家需要投入时间和资源来建立和维护品牌价值，以及与竞争对手的差异化。

基于博弈论的商家品牌建设是一种基于市场竞争和消费者心理的策略，旨在塑造独有的品牌形象，增强品牌认知度和忠诚度。博弈论提供了一种分析商家如何在竞争环境中建立品牌的理论框架，以及在与竞争对手的互动中可能出现的结果。

商家在品牌建设中可以利用博弈论来理解竞争对手的策略，并制定相应的反应策略。博弈论研究了不同策略选择之间的相互作用和影响，商家可以借助这一理论来评估自身品牌的优势，并决定如何在市场中与竞争对手展开竞争。

博弈论中的一个常见模型是所谓的"博弈均衡"，即各参与方之间选择的策略互相博弈的结果是一种稳定状态。在品牌建设中，商家需要考虑竞争对手可能采取的策略，并选择与之相匹配的品牌建设策略。这可能涉及确定独有的品牌定位、建立积极的品牌形象、提供卓越的产品和服务质量等。

商家可以根据博弈论提供的策略来塑造品牌形象和传达品牌价值。例如，一个常用的策略是"差异化品牌"，即通过突出自身在产品、服务或消费体验方面的独有性，与竞争对手区分开来。另一个策略是"低成本品牌"，即通过降低产品价格或提供高性价比的产品，吸引价格敏感的消费者。

然而，商家在品牌建设过程中需要综合考虑多个因素。他们需要了解目标市场的需求和偏好，了解竞争对手的品牌策略和市场地位，以及评估自身的资源和能力。此外，商家还需要考虑品牌建设的长期效应，并保持品牌形象的一致性和可持续性。

博弈论还可以用来研究商家之间的合作与竞争。有时商家可能会选择与竞争对手合作，共同推广和宣传某一产品或服务，以增强品牌的市场影响力。然而，在合作中也存在风险和利益分配的问题，商家需要谨慎考虑。基于博弈论的商家品牌建设是一个复杂的过程，涉及商家之间的竞争和互动。博弈论为我们提供了分析商家如何建立品牌的理论工具，但在实际应用中，商家需要结合市场环境、竞争对手的行为以及自身的战略目标，制定出最佳的品牌建设策略。

总之，基于博弈论商家广告策略的经济学分析提供了深入理解商业决策背后的策略选择和相互作用的工具。商家可以利用博弈论的理论框架来评估不同广告策略的利弊，以及预测竞争对手的反应。这有助于商家制定出有效的广告策略，提高市场竞争力，并实现利润的最大化。

二、基于博弈论商家定价策略的经济学分析

博弈论是一种研究决策者之间相互作用的数学工具，它被广泛应用于经济学领域，尤其是商业竞争和定价策略的研究中。商家在定价策略上的决策往往是在面临不确定性和竞争环境做出的，博弈论提供了一种分析这种决策的有力工具。

商家的定价决策可以被看作一个博弈过程，其中的参与者是商家自身以及其他竞争对手。商家追求的目标是最大化自己的利润，而竞争对手也在追求相同的目标。在这个博弈中，商家需要考虑多种因素，如市场需求、成本、竞争策略和消费者行为等。博弈论提供了多种模型和策略，用于分析商家定价策略的最优解。

（一）基于博弈论的商家市场导向定价策略

商家根据市场需求和竞争情况来确定产品的价格。这种策略通常涉及对竞争对手价格的监测和分析，以及对消费者需求的调查和研究。

基于博弈论的商家市场导向定价策略是指商家在制定定价策略时考虑市场竞争和消费者行为的博弈论模型。商家可以使用博弈论模型来分析竞争市场中的不同参与者之间的互动关系，如价格战、价格合谋等。商家需要考虑其他竞争对手可能采取的策略，以及消费者对不同定价策略的反应。通过分析博弈模型，商家可以选择最优的定价策略，以实现其利润最大化。

（二）基于博弈论的商家成本导向定价策略

商家根据产品生产成本、营销费用和期望利润率等因素来确定产品的价格。这种策略将成本作为主要考虑因素，并希望通过价格来覆盖成本和实现利润。

基于博弈论的商家成本导向定价策略是指商家在制定定价策略时考虑其成本结构和竞争对手的博弈模型。商家在制定定价策略时需要考虑其生产成本、运营成本以及其他相关成本因素。同时，商家还需要分析竞争对手的定价策略和市场反应。通过博弈论模型的分析，商家可以确定适当的定价策略，以确保其能覆盖成本，并在竞争市场中获得合理的利润。

（三）基于博弈论的商家价值导向定价策略

商家根据产品或服务所提供的价值来确定价格。这种策略通常要求商家对产品的独有

卖点和竞争优势有清晰的认识，并将价格定位在消费者愿意为这种价值支付的范围内。

基于博弈论的商家价值导向定价策略是指商家在制定定价策略时考虑消费者的价值感知和竞争对手的博弈模型。商家需要了解消费者对产品或服务的价值感知，以及竞争对手的定价策略和市场反应。通过博弈论模型的分析，商家可以选择恰当的定价策略，以提供具有竞争力的产品或服务，并在市场中赢得消费者的青睐。

（四）基于博弈论的商家市场分割定价策略

商家根据不同市场细分的需求和购买能力来制定不同的价格策略。这种策略允许商家根据不同的目标市场定价，以最大程度地满足不同消费者群体的需求。

基于博弈论的商家市场分割定价策略是指商家在制定定价策略时考虑市场分割和消费者行为的博弈模型。商家面临的市场通常可以划分为不同的细分市场或目标市场，不同市场分割可能有不同的消费者行为和竞争对手情况。商家需要通过博弈论模型来分析不同市场分割中的博弈关系，并制定相应的定价策略，以最大化其在各个市场分割中的利润。

（五）基于博弈论的商家时价定价策略

商家根据时间因素来调整产品的价格。这种策略可以根据季节性需求、销售周期或者特定促销活动来制定定价策略。

基于博弈论的商家时价定价策略是指商家在制定定价策略时考虑时间因素和消费者行为的博弈模型。

商家需要考虑市场需求在不同时间段内的变化，以及消费者对不同时间定价策略的反应。通过博弈论模型的分析，商家可以选择合适的时价定价策略，如根据旺季和淡季调整价格，以最大限度地满足市场需求并获得利润最大化。

（六）基于博弈论的商家引导定价策略

商家通过设置较低的价格来吸引消费者进入市场，以增加市场份额并建立品牌忠诚度。这种策略通常用于新产品或新市场的推出。

基于博弈论的商家引导定价策略是指商家在制定定价策略时考虑市场引导和竞争对手的博弈模型。该策略的目标是通过博弈分析，找到商家能够通过定价策略引导市场行为并获得竞争优势的策略。

商家可以使用定价策略来引导市场行为，例如通过降低价格吸引更多消费者或者采取差异化定价策略来区分自己与竞争对手。商家需要分析竞争对手的反应和市场的博弈关系，以选择最优的引导定价策略，以实现市场份额的提升和利润的最大化。

总之，基于博弈论的商家定价策略经济学分析提供了一种理论框架，帮助商家理解和优化其定价决策。商家需要综合考虑市场需求、竞争环境、成本和消费者行为等多个因素，并运用博弈论模型来制定最优的定价策略，以实现利润最大化。这种分析方法为商家提供了一种科学且系统的方法，以应对复杂的市场竞争环境。

第五节　企业股东对管理者道德风险事件的有效监督
——基于博弈论视角的思考

一、企业股东的地位与作用

（一）企业股东的地位

企业股东在企业的组织架构中扮演着至关重要的角色。他们是公司所有权的持有者，通过购买和持有公司股份，分享企业的风险和回报。在企业的治理中，股东拥有特定的权利和地位，这些权利和地位在保护股东利益、参与决策和监督企业管理方面发挥着重要作用。

第一，作为企业所有权的持有者，股东在企业中占有重要地位。他们通过购买股份，成为企业的股东，分享企业的收益。股东的财务利益与企业的业绩息息相关，他们期望企业能够获得良好的经营成果，提供回报他们投资的利润。因此，股东在企业中具有一定的话语权，他们通过参与股东大会，行使投票权，对公司的战略决策、董事会成员的选任和报告披露等进行监督与决策。

第二，股东在企业中扮演着监督和控制的角色。股东通过行使他们的权利，例如选举董事会成员和审计委员会成员，确保公司管理层的高效运作和诚信行为。股东还有权利获取公司的财务报表和其他重要信息，以监督公司的运营状况和财务健康状况。这种监督作用有助于确保公司的决策和行为符合法律法规，并有利于保护股东的权益。

第三，股东还可以通过股东大会等平台发表自己的意见和建议，对公司的经营和发展提出建设性的意见。他们可以提出问题，要求解答，并对重要决策进行投票表决。股东的参与可以促使公司管理层更加透明和负责，确保决策的公正性和合理性。

此外，企业股东的权利和地位并非绝对。股东的影响力通常与其持有的股份比例相关，持有较大比例股份的股东在决策和治理方面具有更大的影响力。不同国家和地区的法律法规对股东权益的保护程度也有所不同。

总之，企业股东在企业中拥有重要的地位。他们作为公司所有权的持有者，通过参与决策、监督和控制公司的运营，维护自身利益并推动公司的发展。股东的权利和地位应得到法律法规的保护，并在企业治理中发挥积极的作用，促进企业的长期可持续发展。

（二）企业股东的作用

企业股东在现代商业环境中发挥着多种重要作用。他们不仅是企业的所有者，还是企业成功与否的决策者和监督者。

第一，作为企业的所有者，股东对企业的发展和经营决策具有决定性的影响力。他们通过购买公司股份，投入资本，成为公司的合法所有者。股东的主要目标是实现回报和增加投资价值。他们希望通过企业的经营活动获得股息和资本收益。因此，股东的存在为企业提供了重要的资金来源，并为企业的发展提供了动力。

第二，股东在企业治理中发挥着关键的角色。他们通过参与股东大会和投票表决等方式行使他们的权力，对公司的重大事项进行决策。股东有权选举董事会成员，并对董事会的决策和公司管理层的行为进行监督。这种监督机制有助于确保公司管理层的诚信和责任，保护股东的权益。此外，股东还有权获取公司的财务报告和其他重要信息，以便对企业的经营状况和财务健康状况进行评估和监督。

第三，股东的参与和支持对企业的发展和战略决策至关重要。他们可以提供资金、资源和专业知识，支持企业的扩张和创新。股东还可以为企业提供关键的商业联系和合作机会，推动企业与供应商、客户和合作伙伴之间的合作关系。股东的参与可以为企业带来更多的商业机会和战略合作伙伴，促进企业的增长和市场竞争力。

第四，股东的长期利益与企业的可持续发展密切相关。他们关注企业的长期业绩和可持续性，而不仅仅是短期的利润。股东鼓励企业采取可持续发展的经营模式，关注环境、社会和治理问题，以提高企业的声誉和竞争优势。股东的期望和压力可以促使企业更加注重社会责任、环境保护和道德经营，从而增强企业的可持续发展能力。

总之，企业股东在企业中发挥着多种重要作用。作为所有者，他们为企业提供资金和动力。作为决策者和监督者，他们参与公司治理，保护股东权益。同时，股东的参与和支持对企业的发展和战略决策起到关键作用。最重要的是，股东的长期利益与企业的可持续发展息息相关，推动企业追求经济、环境和社会的共同利益。

二、企业管理者的道德

企业管理者职业道德是指在企业管理过程中，管理者应该遵循的一套道德准则和职业规范。这些准则和规范涵盖了管理者在与员工、股东、客户、供应商以及社会各界交往中应该遵守的道德原则和行为准则。

第一，企业管理者应秉持诚信和正直的原则。诚信是企业管理者的基本品质，他们应该保持真实、公正和透明的态度，诚实地与所有相关方沟通。他们不应隐藏信息或进行虚假宣传，而是应该提供准确、可靠的信息，以便他人能够做出明智的决策。

第二，企业管理者应具备责任感和社会意识。他们应该意识到企业的经营活动对社会和环境的影响，并承担起相应的社会责任。管理者应确保企业的经营活动符合法律法规，并积极采取措施保护环境、关心员工福利、回馈社会等，以实现可持续发展。

第三，企业管理者应具备公正和公平的态度。他们应该公正地对待所有员工，并为员工提供公平的机会和待遇。管理者应遵守劳动法规，保障员工的权益，不歧视、不压迫员工。同时，管理者在与供应商、客户和股东等其他利益相关方进行商业交往时，也应坚持公正和公平的原则，不偏袒任何一方。

第四，企业管理者应注重职业操守和个人品质。他们应该具备专业知识和技能，并不断提升自己的能力。管理者应该遵守职业道德准则，不从事不正当的行为。他们应该以身作则，树立良好的榜样，引领员工秉持高尚的道德标准。

第五，企业管理者应具备沟通和领导能力。他们应该善于倾听和理解他人的意见和需求，与员工建立良好的沟通渠道，鼓励员工参与决策和分享想法。管理者还应该具备良好的领导能力，能够激励和激发员工的潜力，建立团队合作精神，共同实现企业的目标。

总之，企业管理者职业道德是他们在职责履行和业务处理中应遵循的道德准则和规范。诚信、责任、公正、尊重、关怀、社会责任和可信赖是构成管理者职业道德的重要因素，这些道德准则对于管理者来说是不可或缺的，能够建立和维护良好的企业声誉，增强员工的忠诚度和士气，促进企业的可持续发展并赢得利益相关者的信任和支持。

三、基于博弈论企业股东对管理者道德风险事件的有效监督策略

基于博弈论的企业股东对管理者道德风险事件的有效监督策略是确保管理者行为合规和提升公司治理效果的重要手段。博弈论为股东提供了一种理论框架，通过明确各方的利益和策略选择，帮助股东制定有效的监督策略。

第一，股东可以加强与管理者的沟通和互动，建立信任和合作的关系。通过定期举行

股东大会、业绩发布会等活动，股东可以与管理者面对面交流，了解管理者的思路和决策，同时向管理者表达股东的关切和期望。这种沟通和互动有助于减少信息不对称和误解，增强股东对管理者的监督效果。

第二，股东可以建立有效的监管机制，强化对管理者的监督。股东可以成立独立的监事会或委员会，由独立董事组成，负责监督管理者的行为。监事会或委员会可以对公司决策进行审查，并提出建议和监督意见。此外，股东还可以通过投票权行使来影响公司的决策和任命高层管理人员，以确保符合股东利益和公司长期发展的要求。

第三，股东可以采取激励约束机制来监督管理者的行为。例如，股东可以制定明确的绩效指标和激励机制，与管理者签订合同，将管理者的薪酬与公司绩效挂钩。通过这种方式，股东可以激励管理者为实现公司利益最大化而努力工作，同时降低管理者出现不道德行为的风险。

第四，股东可以增加信息透明度，加强对管理者行为的监督。信息不对称是道德风险事件发生的主要原因之一。股东可以要求公司定期披露关键信息，包括财务报表、内部控制制度和决策过程等，以便股东了解公司运营情况并及时发现潜在的道德风险。此外，股东还可以要求进行独立审计，确保公司财务信息的准确性和真实性。

总之，基于博弈论的企业股东对管理者道德风险事件的有效监督策略需要综合运用激励约束、信息透明度、监管机制和沟通互动等手段。通过这些策略的有效结合，股东可以更好地监督管理者的行为，降低道德风险事件的发生概率，并促进公司治理水平的提升。

第六章
不同类型企业的经济博弈论应用实践

第一节　博弈论视角下国有企业人力资源管理优化方案

国有企业是指由国家或政府直接或间接拥有的企业或组织。在国有企业中，国家或政府拥有企业的股权或资产，并对其经营和管理具有一定程度的控制权。这些企业通常在国家的法律法规框架下运营，其目标不仅包括经济效益的追求，还包括国家利益、社会责任和公共利益的维护。近年来，随着经济全球化的不断推进，国有企业在市场竞争中面临着日益严峻的挑战。作为国家经济的重要组成部分，国有企业的发展关系到国家经济的稳定与繁荣。从博弈论的视角出发，可以提出一些优化方案来改进国有企业的人力资源管理。

一、加强与员工的沟通与合作，构建合理的激励机制

工作人员作为企业的核心组成部分，自身工作积极性高低将对企业未来发展带来直接的影响，因此在实际开展人力资源管理过程中，注重激发工作人员的积极性一直是人力资源管理的核心工作之一。当前在开展人力资源管理方面，对员工的激励，大多从两个方面着手，一种是精神层面的激励，另一种是物质奖励。为了使上述奖励的激励作用价值得到更好的发挥，还需要引入丰富的激励手段，比如对于物质奖励，不应仅仅局限于具体的金钱，还可以直接奖励员工企业的股份，员工持有企业一部分股份，从而将企业真正变成员工自己的企业，更有助于激发员工工作的积极性，在具体实现方面，可以注重推动国有企业混合所有制改革。另外，对于精神奖励，不应仅仅局限于文娱比赛所获得的奖励，还应将精神奖励与工作人员具体业务结合在一起，给予员工更多工作方面的成就感，更有助于发挥精神激励作用的价值；与此同时，还应加强对企业文化的营造，使得企业上下有着共同的精神理念，做到上下一心，团结一致。

博弈论认为，人们在决策过程中往往会考虑到自身的利益。因此，国有企业可以通过

提供具有吸引力的薪酬福利、培训发展机会以及晋升机制等方式，激励员工的积极性和创造力，提高其对企业的忠诚度和归属感。

二、国有企业应注重构建良好的内外部合作关系

国有企业内部治理结构相对而言较为复杂，一般由三个层次组成：①股东大会，具备企业经营最高决策权，下一级是董事会，具备企业经营日常决策权，同时还具有一定独立性的监事会，负责企业经营权利的监督。②董事会、监事会及管理层，通常属于委托关系。③企业财务、内部控制等经营制度关系。从人力资源管理的视角来看，需要注重优化前两个层次治理结构，才有助于人力资源管理部门绩效管理效果提升。

博弈论认为，合作是实现最大利益的有效策略之一。国有企业可以与其他企业、研究机构以及高校建立良好的合作关系，共享资源和信息，共同开展研发创新、市场开拓等活动，提高企业的竞争力和创新能力。

三、国有企业应加强对人才的引进与培养

博弈论认为，企业在人才竞争中应选择最佳策略以获得最大利益。国有企业可以通过开展人才招聘、选拔和培养计划，吸引和培养具有专业技能和领导才能的人才，提升企业的核心竞争力和创新能力。

在博弈论视角下，国有企业人力资源管理的优化方案可以通过加强对人才的引进与培养来实现。博弈论是一种决策理论，着重于分析个体或组织之间的互动关系，以及如何在竞争环境中做出最优决策。

第一，国有企业可以通过建立更加灵活的招聘机制来引进优秀人才。在博弈论的指导下，企业可以采用更加市场化的招聘方式，与人才进行有针对性的谈判，以提供更具竞争力的薪酬和福利待遇。这种灵活的招聘机制可以吸引更多高素质人才的加入。

第二，国有企业可以通过设立良好的培养机制来提高人才的能力和素质。博弈论强调长期的博弈策略，国有企业可以制订培养计划，为员工提供系统化的培训和发展机会。这样做不仅可以提升员工的专业能力，还可以增强他们的归属感和忠诚度，降低员工流失率。

第三，在博弈论视角下，国有企业可以与其他相关机构建立合作伙伴关系，共同开展人才培养计划。通过与高等院校、研究机构等建立合作，国有企业可以分享资源和知识，为员工提供更广阔的学习和成长机会。这种合作可以为企业引入新思维和创新，并提高组织整体的竞争力。

第四，国有企业可以通过制定激励机制来增强员工的积极性和创造力。博弈论认为人们在决策时会考虑利益最大化，因此企业可以设计激励机制，如绩效奖励、晋升机会和股权激励，以激发员工的工作动力和创新意识。这种激励机制可以提高员工的工作满意度，促进他们的个人发展和企业业绩的提升。

四、国有企业应建立健全的绩效评估体系

博弈论认为，明确的目标和激励机制是有效决策的基础。国有企业应制定明确的绩效评估指标，并与员工进行有效的沟通，确保评估过程的公平性和透明度。通过科学客观的绩效评估，国有企业可以识别出绩效优秀的员工，激励其为企业创造更大的价值。

国有企业在实际开展人力资源管理工作过程中，应结合当下市场经营发展实际，积极转变人力资源管理方式，从以往的条线管理方式，转型为矩阵式管理方式，如此才能更好地适应当前市场经济环境的发展，促进国有企业内部分工更加精细化，加强业务整合，充分发挥自身整体性优势。对于矩阵式人力资源管理模式而言，针对某一特定任务，在实际管理过程中能够增加横向管理联动方式，本身在人力资源管理方面更具灵活性，同时实效性也更强，因此非常适合当下市场经营环境。

国有企业在人力资源管理方面积极转型为矩阵式人力资源管理模式，一是能够对企业各个部门进行全面的绩效考核，还能充分考虑不同部门的差异性，设置一些单个特殊考核项目，使部门绩效考核评估更加具有针对性，更加科学合理，员工绩效考核的公平性也因此得以有效的凸显。二是在实际开展企业员工绩效考核过程中，在矩阵式人力资源管理模式下，既能够从部分的视角入手，做好深入细致的分析，还可以立足于财务视角进行综合判断，最终由人力资源管理部门进行统一总结，实现双重考核与评估，使得绩效考核覆盖内容更加全面，更能凸显绩效考核的重要性，发挥绩效考核激励作用价值。

五、国有企业应关注员工的职业发展和福利保障

在博弈论的视角下，国有企业人力资源管理的优化方案应该着重关注员工的职业发展和福利保障。博弈论强调了不同利益主体之间的相互作用和利益最大化的原则，因此，国有企业在制定人力资源管理策略时应考虑员工的利益和激励机制。

第一，国有企业应该致力于员工的职业发展。通过提供培训和进修机会，国有企业可以帮助员工提升技能和知识，从而增加其在职场中的竞争力。此外，国有企业可以制定晋升和激励机制，为优秀的员工提供更多的晋升机会和发展空间。这样做不仅能激励员工的积极性和工作动力，还可以留住人才，提高企业的竞争力。

第二，国有企业应该注重员工的福利保障。福利制度的完善可以增加员工对企业的归属感和忠诚度。国有企业可以提供具有竞争力的薪酬福利，包括基本工资、绩效奖金、福利待遇等，以吸引和留住优秀人才。此外，国有企业还可以提供健康保险、养老金、带薪休假等福利，为员工提供全面的保障，提高其工作满意度和幸福感。

总之，在博弈论的指导下，国有企业应该重视员工的职业发展和福利保障。通过关注员工的利益，国有企业可以提高员工的工作动力和忠诚度，从而增加企业的竞争力和长期发展潜力。

第二节　非对称信息博弈论下中小微企业税收筹划管理

中小微企业是指规模较小、资金相对较少、员工数量较少的企业，通常是指具有一定独立法人资格，年度销售收入、资产总额或者从业人数在一定范围内的企业。中小微企业只有将税收管理纳入成本控制机制、风险防控机制以及财务会计管理体系中，才能够提升自身经营实力，实现规模化的经营绩效。良好纳税信用评价不仅能够使中小微企业在税收服务、融资授信、项目管理等领域享受政府优惠待遇，还能提高中小微企业的综合信用水平，促进中小微企业实现高质量发展。科学税收筹划不仅能够优化中小微企业的经营成果，还能提高中小微企业的金融信用，促使其获得金融机构的融资。

一、中小微企业税收筹划和财务管理的内容

税收筹划是指中小微企业在国家税法规定的基础上，根据自身的业务规模以及财务结构进行合理的资源配置以履行纳税义务。从税法的角度而言，纳税筹划是一项具有风险性的活动，中小微企业若仅仅重视利润的增长，则无形之中扩大了财税管理的风险。税收筹划的本质是财务管理的内在模块，具有合法性、前瞻性、可控性以及全面性等特点。税收筹划和财务管理从本质上具有内在联系。税收筹划和财务管理具有目的一致性，二者的根本目的都在于降低中小微企业的成本支出，增加中小微企业的盈利所得。

税收筹划和财务管理，具有风险同质性。税收筹划作为一项前瞻性的财务安排，潜在风险敞口较大。税收筹划和财务管理的底层基础，是财务风险识别和监控机制。税收筹划和财务管理在内容上具有关联性，比如财务指标管理、预算资金管理、投融资管理以及会计核算管理。税收筹划和财务管理都无法脱离这四个模块而存在，二者都需要基于指标管理、预算管理等开展全过程的成本控制工作。税收筹划和财务管理是相辅相成的关系，彼

此都不能脱离对方而独立开展，否则不仅不会降低中小微企业成本，还可能会给中小微企业带来风险。

二、非对称信息博弈论的内容及其在税收筹划中的应用

（一）非对称信息博弈论的内容

非对称信息博弈论是指在博弈过程中，不同参与者拥有不同的信息水平，其中一方拥有更多或更准确的信息，从而导致信息不对称的情况。这种不对称信息可以影响参与者的决策和行为，进而影响博弈的结果。非对称信息博弈论的核心是对非对称信息条件下博弈双方行为的研究。非对称信息博弈论从博弈双方所掌握的信息差着手考虑博弈平衡点以及最优契约。非对称信息博弈论研究的是给定博弈双方既定的信息结构，分析博弈双方潜在的经济行为差异以及交易契约。如果博弈双方签订的交易契约能够有效满足双方的经济需求，那么在非对称信息条件下就会到达一个平衡点。但由于实际双方对于各自所掌控的信息差异，双方会展开一场激烈的博弈竞争，以达到各自的经济目标。

信息不对称性是博弈双方以机会主义为博弈起点，寻求非对称信息条件下的最优竞争结果，因此非对称信息博弈相对于对称信息博弈而言更具复杂性以及系统性。从实际信息的时间差来看，信息非对称性可以发生在博弈双方签署交易契约之前或者之后，信息获取的时间差决定了交易契约是否能够同时满足博弈双方的经济目标。从信息本身的差异而言，博弈双方在签署交易契约之前，二者就存在非对称信息差异，以至于实际的交易契约本质上是偏离了潜在的最优平衡点。非对称信息博弈论主要涉及四类的模型，分别是逆向选择模型（研究事前非对称信息的模型）、道德风险模型（研究事后非对称信息的模型）、隐蔽行动模型（研究不可观测行动的模型）、隐蔽信息模型（研究不可观测知识的模型）。非对称信息博弈论的研究有助于企业在战略制定以及财务管理过程中，优化资源配置，实现经济效益最大化。

（二）非对称信息博弈论在税收筹划中的应用

中小微企业税收筹划本质是一种与税务机关的非对称信息博弈行为。中小微企业和税务机关双方在企业经营业务、企业财务管理、企业内部控制以及税务政策制定等方面存在较大的信息差异。根据非对称信息博弈论，这种信息差异不仅体现在信息本身的差异，还体现在获取信息时间上的差异。中小微企业和税务机关的经济利益、监管目标存在不同，以至于在中小微企业纳税安排、税务机关税务稽查等工作具有绝对的博弈性质。对中小微

企业而言，其需要尽可能掌握最为全面的纳税规定、税收政策优惠等信息。因此中小微企业必须基于合法合规的前提下，在非对称信息条件与税务机关展开非对称信息博弈以提高企业经营效益。同时中小微企业对于税务机关工作流程、税务稽查内容以及方式、税务风险管理等内容存在较大的信息差异，因此难以制定出合法、科学的税收筹划策略。

对于税务机关而言，尽管"金税四期"① 正在全面推进，但是税务机关还是无法全面获取企业的业务经营数据以及税收筹划信息，以至于无法有效制定相关的政策提高纳税监管水平。综合来看，中小微企业税收筹划和税务机关税务监管之间存在非对称信息博弈行为。

三、非对称信息博弈论下中小微企业税收筹划管理策略

（一）制定科学的税收筹划策略

税收筹划并是一项涵盖中小微企业经营活动全生命周期的战略安排。税收筹划需要遵循的法律法规以及地方性政策法规。中小微企业制订合理的税收筹划方案的主要目的是优化自身资源结构，在合法合规的前提下提高企业利润所得。中小微企业应该明确自身的博弈定位以及博弈目的，并在非对称信息博弈过程中通过合法渠道获取全面的税务信息。中小微企业要对潜在的博弈行为以及博弈策略进行合理的分析，深入探讨自身的税务信息盲点，尽量在博弈过程中获取较为有利的税收优惠政策信息。中小微企业要建立合理的非对称信息博弈模型，不仅要基于自身的预算编制以及业务模式进行事前的纳税规划，还需要在业务终了后履行纳税义务。

（二）从宏观上层设计出发完善税收管理制度

中小微企业不同部门之间权责较为分明，财务部门与业务部门在税收筹划中存在信息交流存在不对称问题。信息的不对称性导致中小微企业财务部门在实际缴纳税务的过程中只能按照税法标准上缴，无法在合法合规的前提下根据企业的税收筹划进行纳税。因此中小微企业首先应该从宏观上层设计出发完善税收管理制度，进而实现税收筹划的一体化监控以及管理。中小微企业应该构建财税审计监督机制，对现有的税务筹划以及财务管理进行全生命周期的审查。中小微企业在税收管理制度建设过程中，应该综合考虑非对称信息

---

① 金税四期是金税三期升级版，而金税工程是经国务院批准的国家级电子政务工程，也是税收管理信息系统的总称。

博弈行为对自身业务管理、内部控制以及财务绩效的影响，从而不断对博弈策略进行优化，实现税收筹划的可持续发展。

总之，任何违法税法以及地方法规的税收筹划行为都属于逃税的违法行为，中小微企业在财税审计的过程中需要对企业是否遵循合法性原则进行重点审查，保障企业在符合税法规定的前提下履行应纳税义务。中小微企业应该将非对称信息博弈模型融入税收筹划管理之中，从而不断修正博弈行为，实现降本增效。

第三节 家族企业管理权传承的重复博弈分析

一、家族企业的形成与特性

"家族企业是家族与企业的结合体，其行为会受到家族和企业两个层面因素的影响。"[①] 家族企业是由家族成员创立、拥有并管理的企业。它们在全球范围内占据着重要的经济地位，因其独有的形成和特性而备受关注。

第一，家族企业的形成通常源于家族成员的共同利益和愿景。家族企业往往起源于一位或几位创始人，他们共同分享着追求成功、传承家族财富和价值观的愿望。这种共同利益和家族认同感成为家族企业形成的基础。

第二，家族企业的特性在很大程度上受到家族价值观和家族治理结构的影响。家族价值观强调家族的传统、荣誉和家族成员之间的紧密联系。这种价值观在企业决策、企业文化和员工关系等方面产生深远影响。此外，家族企业的治理结构通常较为灵活，更加注重家族成员的参与和家族内部的权力分配。

第三，家族企业的特性还体现在其长期稳定的经营战略和长远的目标。相比于其他类型的企业，家族企业更加注重可持续性和传承性。它们通常采取谨慎的经营策略，更加注重长期的业务发展和家族财富的积累。此外，家族企业还常常将传统和创新相结合，以确保企业的持续成功。

第四，家族企业在员工管理和雇佣方面也具有独有的特点。家族企业通常更加关注员工的稳定性和忠诚度，更倾向于雇用家族成员或有亲密关系的员工。这种偏好有助于维护家族企业的文化和传统，并加强家族成员之间的紧密联系。

---

① 陈华丽，张燕. 家族企业特征对慈善捐赠行为的影响 [J]. 合作经济与科技，2022 (10)：110.

第五，家族企业还面临一些独有的挑战。例如，家族企业常常面临家族内部的冲突和权力争夺，尤其是在权力传承和继任问题上。此外，家族企业在扩张和国际化方面可能面临困难，因为在不同文化和市场环境中运营需要适应和变革。

二、家族企业管理权传承的关键因素与成功要素

管理权的传承是指对企业管理权力的传承，即将企业的经营管理权从上一代的管理者传承给下一代管理者的过程，特别是当企业创始人或 CEO 计划退休时须将管理权进行交接。

家族企业的传承要考虑很多的影响因素，包括个人利益、情感以及专业能力等，并且传承的结果会对每一个参与者产生较大的影响，可能会影响参与者个人职业生涯的规划、在家族中的地位、与家族其他成员之间的关系甚至企业未来的发展前景。

家族企业管理权传承是指在家族企业中，将企业的领导和管理职责从一代家族成员传递给下一代或其他家族成员的过程。这是一个关键的决策，因为一个好的管理权传承能够确保企业的稳定性、延续性和成功性。

在家族企业管理权传承中，几个重要的因素需要被考虑。首先是继任者的准备和能力。传承管理权的家族成员需要具备足够的专业知识、领导能力和商业洞察力，以应对日益复杂和竞争激烈的商业环境。这可能需要继任者接受专业培训、获得实际工作经验，并与现任管理层密切合作，以逐步接管企业的运营。

家族企业管理权传承，需要考虑家族成员之间的关系和家族价值观。家族成员之间的和谐和相互信任对于成功的管理权传承至关重要。家族企业通常具有独有的家族文化和价值观，包括对家族荣誉、传统和长期发展的重视。传承者需要能够理解并尊重这些价值观，并在管理企业时将其与现代商业实践相结合。

家族企业管理权传承，需要建立适当的治理结构和决策机制。这可以帮助确保管理权的顺利传承，并减少家族内部的冲突和不确定性。家族企业可以设立家族委员会或家族理事会，以协调家族成员之间的利益、制定决策和监督企业运营。这些机制可以提供一个公正和透明的平台，促进管理权传承的顺利进行。

家族企业管理权传承，需要有一个明确的时间表和过渡计划。这可以包括确立传承者的角色和责任，明确交接时间和过程，并提供必要的支持和指导。传承过程中的透明良好的沟通渠道对于继任者的成功非常重要，以确保他们理解家族企业的使命、目标和价值观，并能够顺利过渡到领导职责。

三、家族企业管理权传承的重复博弈分析——利益平衡

家族企业的管理权传承是一个涉及多个代际的过程，每一代都需要面对权力的转移和分配问题。重复博弈理论提供了一种理论框架，用于分析在重复交互中参与者的策略选择。在家族企业管理权传承中，这种重复性交互是显而易见的，因为家族成员通常在一个相对长的时间段内共同经营企业。在家族企业的管理权传承的过程中，家族成员之间的博弈成为主要特征之一。从重复博弈的角度出发，对家族企业管理权传承进行分析。

第一，重复博弈为家族成员提供了一个长期博弈的视角。在单次博弈中，家族成员可能会倾向于追求个人利益，而忽视企业的整体利益。然而，当他们认识到管理权传承是一个重复性的过程时，他们可能会更加重视合作和长期利益。这意味着家族成员在每一次博弈中都会考虑到前后代之间的连续性，并更加注重企业的可持续发展。

第二，重复博弈引入了信任与承诺的问题。在家族企业管理权传承中，家族成员需要建立起相互之间的信任，并作出承诺以维护企业的利益。重复博弈提供了一个机制，使得家族成员能够观察到其他成员的行为，并根据其过去的行为进行评估。这样一来，成员们可以根据对方的合作程度和忠诚度来决定是否继续信任他们，并在权力传承过程中做出相应的决策。

第三，重复博弈对家族企业管理权传承中的监督和惩罚机制产生影响。家族成员可以通过制定明确的规则和契约来确保权力的传承是公正和透明的。同时，他们还可以利用重复博弈中的惩罚机制来对违反规则的行为进行惩罚。这种重复性的监督和惩罚机制有助于减少道德风险和代际冲突，提高权力传承的稳定性和可预测性。

第四，重复博弈存在一些挑战和限制。首先，家族成员之间可能存在信息不对称的问题，导致博弈的结果不完全理性。其次，个人的行为可能受到情感、家庭关系等非经济因素的影响，从而影响博弈策略的选择。因此，家族企业管理权传承的重复博弈需要综合考虑多种因素，并采取相应的制度安排和管理措施。

总之，重复博弈理论为家族企业管理权传承提供了一个有益的分析框架。通过考虑家族成员之间的长期博弈、信任与承诺、监督与惩罚等因素，可以促进权力传承的稳定性和可持续性。然而，也需要注意重复博弈存在的挑战，并采取相应的措施来应对。只有在平衡家族成员的个人利益和企业整体利益的基础上，家族企业管理权传承才能够实现良性发展。

第四节　基于博弈论的合资铁路经营管理体制探讨

合资铁路起步于 20 世纪 80 年代初，是铁路投融资体制改革的一种有益探索，目的是调动地方政府和企业投资铁路的积极性，解决铁路资金短缺的问题，加快铁路发展。在现有合资铁路的经营管理体制中，铁路局具有多种身份：在投资方面，铁路局是铁路总公司的出资人代表，代表铁路总公司履行出资人职责，保障铁路总公司的投资权益，此时铁路局与合资铁路公司之间构成委托—代理关系，铁路局是委托方，合资铁路是代理方；在委托运输管理方面，铁路局是委托协议中的受托方，承担着相应的管理职责、安全责任和经济责任此时在铁路局和合资铁路公司之间的委托—代理关系中，合资铁路是委托方，铁路局是代理方。

一、博弈论对合资铁路经营管理影响

在合资铁路经营管理中，博弈论可以对参与者之间的博弈行为和决策产生重要影响。

第一，博弈论可以帮助理解合资铁路企业中各方利益的交叉和竞争。合资铁路通常由多个股东组成，每个股东都有自己的利益和目标。博弈论提供了一种分析工具，使得各方能够评估自己的策略选择对其他股东的影响，并在此基础上做出决策。通过博弈分析，合资铁路企业可以更好地协调各方利益，寻找到合作的平衡点，从而实现长期稳定的经营管理。

第二，博弈论还可以帮助解决合资铁路企业中的合作与监督问题。在合资铁路企业中，各方之间的合作是至关重要的，但也存在合作不稳定和道德风险的问题。博弈论可以提供合作和监督的策略分析，使得合资铁路企业能够设计有效的激励机制和契约，以确保各方遵守合作规则和实现共同利益。通过博弈论的应用，可以减少合资铁路企业中的合作难题，提高管理效率和经营绩效。

第三，博弈论还可以帮助合资铁路企业预测和应对外部竞争环境的变化。合资铁路企业往往面临来自其他交通方式或竞争对手的竞争压力。博弈论的分析可以帮助合资铁路企业评估不同竞争策略的利弊，并在竞争中做出明智的决策。通过博弈论的应用，合资铁路企业可以更好地适应市场变化，保持竞争优势和可持续发展。

总之，博弈论对合资铁路经营管理产生重要影响。通过博弈论的分析，合资铁路企业可以更好地协调各方利益、解决合作与监督问题、预测和应对竞争环境的变化。然而，应用博弈论也需要注意其中的挑战和限制。只有在综合考虑各种因素的基础上，合资铁路企业才能有效应用博弈论的理论框架，实现良好的经营管理和可持续发展。

二、基于博弈论的合资铁路经营管理体制完善对策

（一）给予自主经营权

铁路局应给予合资铁路公司充分的自主经营权，根据前面合资铁路公司自主经营权和铁路局。与合资铁路公司的期望效用的博弈分析，当合资铁路公司风险规避偏好一定时，自主经营权变动越大，表示铁路局对控股的合资铁路公司干涉越频繁，干涉内容越具有不确定性，合资铁路公司企业努力工作的积极性、风险承担愿望越小，产出也就越小。铁路局可以通过调整对合资铁路公司经营管理的干预程度，扩大合资铁路公司的自主经营权，从而使铁路局和合资铁路公司的效益增加。

（二）政策扶持，提高激励

铁路局应帮助合资铁路公司争取政策扶持，提高对合资铁路公司的激励程度。根据合资铁路公司从铁路局得到的激励和铁路局与合资铁路公司的期望效用的博弈分析，当铁路局给予合资铁路公司充分激励时，合资铁路公司企业努力工作的积极性和风险承担愿望越高，双方更容易达到效用最大化。铁路局可以通过帮助合资铁路公司在争取地方政府给予税务减免、财政补贴等政策扶持的基础上，提高对合资铁路公司的激励程度，实现铁路局和合资铁路公司增收的目的。

（三）提高管理和服务水平，探索服务新途径

合资铁路公司应提高努力程度，提高管理和服务水平，并探索政府购买服务的新途径。提高铁路局和合资铁路公司的效益，合资铁路公司可以通过提高努力程度来实现，主要包括以下两个途径。

1. 实施品牌发展战略，提高市场占有率

合资铁路要改善合资铁路服务，完善合资铁路管理，实施服务品牌战略。在客车的开行上开标杆车、开品牌车，用一流的装备、一流的队伍、一流的服务水平来赢得市场的青睐。

在货车的开行上，依据合资铁路线路不繁忙的特点，可以开行城际间的货车，推出朝发夕至货车，开行半日达货车，全面推行货车客车化的开行，解决货物在铁路上发送不知

道何时到达的问题，在服务上推行货运人员驻企，实时掌握企业的产、销、运情况，做到与企业、货主的无缝对接、有效服务，从而锁定货源，取得增量，提高效益，不断提高合资铁路在市场上的影响力、竞争力和占有率。

2. 积极探索公益性铁路政府购买服务的新途径

合资铁路一般多作为公益性基础设施，为区域经济发展服务，因此合资铁路应积极探索公益性铁路政府购买服务的新途径来增加收益。上海铁路局的金山铁路在这方面进行了有益探索，其主要做法归结为以下几点。

（1）加强项目前期沟通协调。在项目的立项、建设的前期，多渠道、多层次、多方面积极向地方政府说明该项目公益性强、社会效益显著的特征，让地方政府认识到该项目的确是为了支持地方的经济发展、支持区域经济发展而修建的；在建设期间，多次邀请地方政府及有关部门莅临考察指导，进一步加强铁路与地方政府的关系和沟通。

（2）明确成本核算，让政府明白购买服务的必要性。铁路局财务部门牵头组织客运、货运、车辆等部门，根据运营方案，测算运营成本，同时邀请地方发改委等相关部门共同对测算成本进行审核、确认，在开通前，就让地方政府对运营所需的财务费用有充分、详尽的了解。

（3）加强运营管理，以效益增强政府购买服务的信心。根据旅客出行的特点，铁路局通过多途径不断优化开行方案，提高服务质量，为沿线居民提供安全、舒适、便捷、快速、准点的服务，充分显现良好的社会效益。通过实施政府购买服务，公司运营成本缺口得到了弥补，获得了稳定的现金流入，铁路局和合资铁路公司增加了收益，同时也使得地方沿线的土地得到了有效的增值，实现了三方共赢。

（四）加大资源开发力度，增加经营效益

在铁路局给予合资铁路公司充分的自主经营权和激励的基础上，合资铁路公司可以通过提高自身的风险承担意愿，积极开辟新的业务，加大资源开发力度，来实现增加经营效益，使合资铁路公司和铁路局的效益增加。

地方投资的合资铁路大，具有服务地方发展的鲜明特点。大力实施关于沿线土地利用开发的要求，充分利用车站、站区的商业开发和沿线土地的综合开发，依据当地的特点，研究车站周边的商住楼开发、车站内部的商业经营开发、广场周边的停车场、沿线景点旅游开发、沿线种植业开发以及利用现代物流基地建设开展仓储业务，运用区域特点优势盘活土地资产，在既有房产、货场开展一些租赁业务，综合施策形成优良资源，提升效益水平。

第五节 家政企业诚信监管的三方演化博弈分析

一、家政企业的特性与作用

家政企业是指提供家庭服务的专业机构,旨在满足人们日常生活中的家务需求。家政企业具有以下特性和作用。

第一,多元化的服务范围。家政企业提供多种家庭服务,涵盖了日常家务、清洁卫生、烹饪餐饮、育儿护理、老年照顾等方面。无论是家庭需要短期帮助还是长期合作,家政企业都能根据客户需求提供相应的专业服务。

第二,专业化的人员队伍。家政企业拥有经过专业培训和认证的员工,他们熟悉家庭服务的各项技能和规范,具备处理日常家务和特殊需求的能力。这些员工经过严格筛选和背景调查,保证了服务的可靠性和安全性。

第三,灵活的服务模式。家政企业能够根据客户需求提供灵活的服务模式,可以是定期长期的合作,也可以是临时性的短期援助。客户可以根据自己的需求选择合适的服务方式,不必担心服务的中断或不连贯。

第四,解放时间和减轻负担。家政企业的存在使得家庭成员能够将更多的时间和精力放在工作、学习和休闲上,从而减轻了家庭负担和压力。家政企业的服务能够解决家庭中烦琐的家务问题,提供便利和舒适的生活环境。

第五,促进就业和经济发展。家政企业为社会创造了大量的就业机会,尤其是为那些有家政服务技能的人提供了发展空间。家政企业的发展也推动了相关行业的繁荣,带动了经济的增长和社会的进步。

第六,专业管理和质量保证。家政企业通常拥有完善的管理体系和质量控制机制,能够确保服务的标准化和规范化。客户可以放心地选择家政企业的服务,享受高质量的家政服务。

总之,家政企业在现代社会发挥着重要的作用。它们不仅为人们提供了方便、舒适的家庭服务,减轻了家庭负担,同时也促进了就业和经济的发展。家政企业的专业化管理和高质量服务将继续满足人们多样化的家庭需求,为社会的进步和发展做出贡献。

二、家政企业诚信监管的三方演化博弈

"随着经济的发展,我国对于家政的需求呈井喷态势。"[①] 家政服务行业迅速发展,为

---

① 张靖雅,蒋文涛,杨佩洁,等. 家政企业诚信评价体系构建的探索 [J]. 现代商业,2020 (14): 54-55.

广大家庭提供了诸多便利。然而，由于行业的特殊性质，家政企业诚信监管成为亟待解决的问题。在这一背景下，探讨家政企业诚信监管的三方演化博弈显得尤为重要。

第一，家政企业作为监管对象。家政企业作为服务提供者，其诚信经营对行业发展至关重要。一方面，家政企业应积极推行自律机制，建立完善的内部监管制度，加强员工教育培训，提升服务质量。另一方面，政府部门应当制定明确的监管政策和法规，对家政企业进行有效监督和管理，严厉打击违法行为，保护消费者权益。

第二，消费者作为监管的对象和受益者。消费者的选择和消费行为直接影响着家政企业的生存和发展。消费者在选择家政企业时，应注重企业的信誉和口碑，了解其服务质量和诚信记录。同时，消费者应积极维护自己的权益，如及时举报投诉不良服务行为，共同维护良好的市场秩序。

第三，政府部门作为监管的主体和协调者。政府应加强对家政企业的监管力度，建立健全的监管体系和工作机制。在政策层面上，应推动相关法律法规的完善和实施，加大对违法违规行为的处罚力度，提高监管的效果和效率。此外，政府还应积极引导社会各界对家政企业的监督和参与，加强与消费者组织和行业协会的合作，形成多元共治的监管模式。

在这个三方演化博弈中，家政企业、消费者和政府部门相互作用，共同推动家政服务行业的规范发展。家政企业要坚守诚信底线，提升服务质量，树立良好的企业形象；消费者要提高消费意识，选择信誉良好的家政企业，主动参与监督和投诉；政府部门要加强监管力度，建立长效机制，推动家政服务行业的良性发展。

总之，家政企业诚信监管的三方演化博弈需要家政企业、消费者和政府部门共同参与和努力。只有形成合力，加强监管与自律，才能促进家政服务行业健康有序发展，为广大家庭提供更加优质的服务。

三、家政企业诚信监管的博弈论应用策略

（一）改善政府管理手段，提升政府监督职能

1. 建立健全家政企业诚信管理体系

建立健全家政企业诚信管理体系可以有效提升政府监督职能，以下是一些可能的措施。

（1）制定相关法律法规。政府可以颁布相关法律法规，明确家政企业的注册、运营和管理要求，规范家政市场的秩序。这些法规可以包括家政企业的注册和备案程序、从业人员的资质要求、服务质量标准等，以确保家政企业诚信经营。

（2）建立信用评价体系。政府可以建立家政企业的信用评价体系，对家政企业进行信用评级和监测。评价指标可以包括企业的资质、服务质量、合规程度等，通过对企业信用的评估，可以对家政企业进行分类管理，并根据信用等级采取相应的监管措施。

（3）强化信息公开和公示。政府可以要求家政企业公开必要的信息，如企业资质、从业人员资质、服务项目和价格等，供消费者参考选择。同时，政府可以建立家政企业的公示制度，公示企业的信用评级、投诉处理情况等信息，增加企业的透明度。

（4）建立监督机制。政府可以设立专门的监督机构或加强现有的监管机构，负责家政企业的监督和管理工作。监督机构可以定期对家政企业进行检查，确保其遵守相关法规和规定，提高政府监督的有效性和力度。

（5）鼓励社会监督和举报机制。政府可以鼓励社会各界参与家政企业的监督和举报工作，建立举报渠道和奖励机制，鼓励消费者、从业人员和其他相关方面提供对家政企业不当行为的举报和投诉，以便及时查处违规企业。

通过上述措施，政府可以建立起一套完善的家政企业诚信管理体系，提升政府对家政企业的监督职能。这将有助于提高家政市场的整体运作效率，保护消费者的权益，促进家政行业的健康发展。

2. 构建家政企业诚信评价指标体系

在构建家政企业诚信评价指标体系方面，博弈论可以提供一种有效的方法来平衡各方利益和达到监管的目标。以下是一些可能的博弈论应用。

（1）多方参与博弈。构建家政企业诚信评价指标体系时，需要考虑到政府、企业和消费者等多方的利益。博弈论可以帮助确定不同参与方的利益和目标，并寻求一种平衡机制，以确保评价指标体系的公正性和有效性。

（2）信息不对称博弈。在评价家政企业的诚信水平时，政府和消费者可能面临信息不对称的情况，即企业拥有更多的信息。博弈论可以用来设计合理的机制，以鼓励企业提供准确和可靠的信息，同时降低信息不对称的影响。

（3）激励与惩罚机制。博弈论可以帮助设计激励与惩罚机制，以影响家政企业的行为。例如，政府可以设定奖励机制，鼓励诚信行为，同时建立处罚机制，对违规行为进行惩罚。这样可以通过博弈的方式引导企业自觉提升诚信水平。

（4）信息共享与监控。博弈论可以指导建立信息共享和监控机制，以加强对家政企业的监管。政府可以与相关部门和行业协会合作，共享企业的信用信息和经营状况，以提供更全面的评估依据。同时，通过监控手段，及时发现和纠正不诚信行为。

（5）鼓励合作与合规行为。博弈论可以帮助设计鼓励合作与合规行为的机制，以促使家政企业自觉提升诚信水平。政府可以提供一些奖励和优惠政策，鼓励企业遵守规章制度，并与其他合规企业进行合作，共同提高整个行业的诚信水平。

在构建家政企业诚信评价指标体系时，需要综合考虑不同的因素，包括政府监管的效力、企业的诚信行为、消费者的权益保护等。博弈论提供了一种有利于平衡各方利益的分析框架，可以帮助制定更科学、有效的诚信评价指标体系。

3. 完善家政企业数据库，数据归集共享

为了实现家政企业的诚信监管，博弈论可以被应用于该领域。其中一个关键的举措是完善家政企业数据库，实现数据的归集和共享。

（1）完善家政企业数据库可以帮助监管部门更好地了解和跟踪家政企业的经营状况与信誉情况。通过收集家政企业的基本信息、注册资料、服务记录和用户评价等数据，监管部门可以建立一个全面、准确的数据库。这将使监管部门能够更有效地监督和管理家政企业的经营行为，并及时采取措施应对不当行为。

（2）共享家政企业数据库的数据可以促进信息透明和合作监管。监管部门可以与其他相关机构、社区组织和消费者共享数据库中的信息，建立起多方合作的监管机制。通过共享数据，各方可以共同监督家政企业的诚信经营，共同解决行业内存在的问题，提高整个行业的信誉和服务质量。

（3）完善家政企业数据库还可以为消费者提供有价值的参考和选择依据。消费者可以通过查询数据库，了解家政企业的信誉和服务质量，并基于这些信息做出明智的选择。这将增加消费者对家政企业的信任度，鼓励家政企业提供更优质的服务，同时也促使不良家政企业改善经营状况。

（4）在实施完善家政企业数据库的过程中，也存在一些挑战和障碍。例如，如何保护家政企业和消费者的隐私和数据安全，如何确保数据的准确性和完整性等问题都需要得到妥善解决。同时，需要建立健全的监管机制和法律框架，明确各方的权责和义务，确保数据的合法使用和共享。

4. 建立可行的家政企业诚信监管奖惩机制

在家政企业诚信监管中，建立可行的奖惩机制是博弈论应用的另一个重要方面。通过明确奖励诚信行为和惩罚不当行为，可以激励家政企业积极履行责任，同时遏制不诚信行为的发生。

（1）针对诚信行为的奖励是建立奖惩机制的关键。监管部门可以设立奖项，表彰那些在服务质量、合规经营和用户满意度等方面表现出色的家政企业。这种奖励机制将激发家政企业的积极性，使他们更加努力地提供优质的服务，树立良好的口碑和信誉。

（2）对于不诚信行为的惩罚也是奖惩机制的重要组成部分。当家政企业存在违法违规行为、服务质量差、欺诈消费者等不诚信行为时，监管部门应采取相应的惩罚措施，如罚款、撤销执照或禁止从事家政服务等。这样的严厉惩罚将有效地震慑不诚信行为的发生，保护消费者的权益，维护行业的诚信环境。

（3）奖惩机制还可以与家政企业数据库相结合，实现全面监测和评估。通过将奖励和惩罚与数据库中的数据相结合，可以更加准确地评估家政企业的诚信状况。例如，将客户评价和投诉数据纳入考量范围，对那些受到客户好评的企业给予奖励，对于频繁收到投诉的企业进行惩罚。这种个性化的奖惩机制将更加精准地反映企业的实际表现。

（4）在建立奖惩机制时，需要考虑一些问题。首先，奖惩机制应具有公正性和透明度，避免利益输送和不当干预。监管部门应确保奖惩标准的公开透明，避免歧视和不公平对待。其次，应建立健全的申诉机制，让受到不公正待遇的企业和消费者有机会提出异议并得到公正处理。最后，奖惩机制需要与其他监管措施相结合，形成多层次、多角度的监管体系，确保监管的全面性和有效性。

（二）完善家政企业诚信体系建设，规范家政企业行为

经济博弈论的应用完善家政企业诚信体系建设和规范家政企业行为，具体内容如下。

第一，扩大信息披露，提升家政企业对诚信的认识度。家政企业诚信体系建设需要建立透明度和信息对称。通过要求家政企业披露关键信息，如服务质量、员工培训和资质认证等，可以使消费者更加了解企业的信誉和能力，从而能够做出更好的选择。诚信对于企业经营至关重要，关系着企业的信誉与可持续发展。家政企业要在消费者面前树立诚信形象，获取消费者信任与认可就必须加强诚信文化建设，灌输诚信意识。如：举办企业文化活动、创办企业内部文化墙、组织法律法规学习等活动，传达企业诚信的重要性，强化服务人员对诚信的重视程度，从而减少家政企业的失信行为，降低企业失信成本。

第二，建立激励机制。经济博弈论中的激励机制可以用于规范家政企业行为。例如，制定奖惩机制，对家政企业的良好行为给予奖励，对不诚信的行为进行惩罚。这样可以激励家政企业自觉遵守规范，并提高行业整体的诚信水平。

第三，强化监管措施。家政企业诚信体系建设需要有有效的监管机制。经济博弈论可以帮助制定监管策略，例如，建立监管机构和监测系统，加强对家政企业的日常监督和检查。同时，利用经济博弈论的原理，制定处罚措施，对违规行为进行打击，从而提高家政企业的行为规范性。

第四，建立合作与共赢机制。经济博弈论中的合作与共赢理念可被应用于家政企业诚信体系建设中。建立家政企业之间的合作机制，共同承担推动行业诚信的责任，共享资源和信息，形成合作共赢的局面。这样可以提高行业整体的信誉和声誉。

第五，消费者教育和权益保护。经济博弈论可被用于制定消费者教育和权益保护措施，提高消费者的信息获取能力和选择能力。例如，通过加强家政服务的宣传和教育，使消费者更加了解服务质量标准和权益保护措施，从而增加他们在选择家政企业时的议价能力。

总之，经济博弈论可以为完善家政企业诚信体系建设和规范家政企业行为提供有益的指导和方法。通过建立透明度、激励机制、监管措施、合作共赢和消费者保护等措施，可以促进家政企业的诚信发展，并提高整个行业的规范程度。

（三）消费者积极参与，共同营造诚信氛围

消费者可以通过家政服务信息平台，了解家政企业的信息，尽可能选择诚信企业，避免与失信企业进行合同往来。在与家政企业进行服务交易时，要充分告知其需求，签订有效的服务合同，根据合同确立雇佣关系，行使双方的权利并履行相应的责任，与家政企业共同营造诚信交易环境。当遇到企业失信行为时，消费者可选择的投诉渠道依次为：与企业进行协商解决，若协商无果，消费者可通过法律渠道进行申诉，使家政企业的失信行为得到一定的遏制。或利用媒体进行曝光，公布家政企业失信行为，增加企业的失信成本，使之后的交易相对更有保障。此外，消费者应通过家政服务信息平台积极参与诚信评价，维护行业诚信。消费者若对自身效用的变化不敏感，家政企业会继续自己的失信行为，造成更多消费者遭遇失信陷阱，增加投诉成本。因此，消费者应积极参与家政企业的诚信评价，这不仅可以促使家政企业诚信经营，还能降低日后其他消费者面临的投诉风险。

第六节　农产品加工企业经济行为的博弈论分析

一、农产品加工企业的经济发展

农产品加工企业的经济发展对于农业产业的繁荣和农民收入的增加起着至关重要的作用。通过将农产品进行加工，农产品加工企业能够提高农产品的附加值，扩大市场份额，并创造更多的就业机会。以下是农产品加工企业经济发展的几个方面。

第一，农产品加工企业可以为农民提供更多的销售渠道和增值机会。农产品经过加工处理后，能够延长其保鲜期、提高品质和附加值，从而获得更高的销售价格。农民可以通过将农产品出售给加工企业，获得更多的利润和收入。此外，农产品加工企业还可以根据市场需求，开发出更多种类的农产品加工产品，满足不同消费者的需求，扩大销售市场，增加农产品的销售额。

第二，农产品加工企业的发展可以促进农业产业的升级和转型。传统的农业模式通常以农产品的原始生产为主，利润空间有限。而农产品加工企业通过对农产品进行深加工，可以创造更多的附加值，提高利润空间。例如，将水果加工成果汁、蔬菜加工成罐头等，不仅延长了农产品的保鲜期，也提高了产品的附加值和市场竞争力。这种转型和升级可以推动农业产业的发展，提高整个农业链条的效益。

第三，农产品加工企业的经济发展能够带动农村地区的就业机会增加。农产品加工企业通常需要一定的劳动力来进行生产和操作。当这些企业发展壮大时，将需要雇用更多的员工，提供更多的就业机会。这将有助于农村地区解决就业问题，减少农民外出务工的需求，促进农村经济的发展。

第四，农产品加工企业的发展还能够带动相关产业的兴起。农产品加工企业在生产过程中需要原材料、设备、包装材料等，这些需求将催生相关产业的发展。例如，果汁加工企业需要购买大量的水果和果汁提取设备，这将带动水果种植业和设备制造业的发展。这种产业链的形成将进一步促进区域经济的繁荣。

总之，农产品加工企业的经济发展对于农业产业、农民收入以及区域经济的发展都具有重要意义。政府和企业应加大对农产品加工企业的支持力度，提供资金、技术和政策支持，为其稳定发展创造良好的环境。同时，农产品加工企业也应积极创新，提高产品质量和竞争力，不断扩大市场份额，实现更好的经济效益。

二、基于博弈论的农产品加工企业经济行为

在农产品加工企业的经济行为中，博弈论可以提供有关企业如何做出决策以最大化自身利益的洞察力。

第一，博弈论可以应用于农产品加工企业与供应商之间的关系。企业在购买农产品时，会与供应商进行博弈，以获取更好的价格和质量。供应商也会考虑如何最大限度地从企业那里获取利益。通过博弈论的模型，企业可以分析供应商的策略，并制定相应的反应策略，以达到最有利的结果。

第二，博弈论还可以解释农产品加工企业在市场竞争中的经济行为。企业之间的竞争

可以被视为一种博弈，每个企业都追求在市场上获得最大份额和利润。博弈论提供了对竞争策略的分析，如价格战、产品差异化和市场定位等。农产品加工企业可以运用博弈论的理论，制定出适应市场环境的战略，以获得竞争优势。

第三，博弈论还可以应用于农产品加工企业与消费者之间的关系。企业需要根据消费者的需求和偏好来制定产品定价和营销策略。通过博弈论，企业可以分析消费者的行为模式，并做出相应的决策，以最大化销售额和市场份额。同时，消费者在选择产品时也会考虑价格和质量等因素，从而形成一个复杂的博弈过程。

总之，基于博弈论的农产品加工企业经济行为涉及与供应商、竞争对手和消费者之间的博弈关系。企业需要通过分析和预测各方的策略来做出决策，以在竞争激烈的市场环境中获得优势。博弈论可以帮助企业理解和应对不同参与者之间的相互作用，以实现经济效益的最大化。

三、农产品加工企业的经济博弈论应用实践

农产品加工企业的经济博弈论应用实践可以涉及多个方面，包括市场竞争、价格战略、供应链管理等。以下是一些可能的实践应用场景。

第一，市场竞争策略。农产品加工企业面临着激烈的市场竞争。经济博弈论可以帮助企业制定有效的竞争策略。通过分析竞争对手的行为和利益，企业可以优化自身的决策，比如定价策略、市场定位和产品差异化等。

第二，价格博弈。农产品的价格是农产品加工企业的关键决策之一。经济博弈论可以帮助企业在价格竞争中做出理性决策。通过考虑市场需求、成本结构和竞争对手的反应，企业可以确定最优的价格策略，实现市场份额最大化或者利润最大化。

第三，合作与合作解决方案。农产品加工企业通常涉及供应链合作和合作解决方案。经济博弈论可以用于研究供应链参与者之间的合作行为，并设计激励机制来促使各方共同合作，提高整个供应链的效率和利益。

第四，政府政策与规制。政府的政策和规制对农产品加工企业的经营活动有重要影响。经济博弈论可以用于分析政府政策对企业的影响，并提供决策依据。企业可以通过经济博弈分析，预测政策变化的结果，制定相应的应对策略。

第五，技术创新与竞争优势。农产品加工企业在技术创新方面的竞争也是关键。经济博弈论可以用于分析技术创新对企业竞争力的影响，并帮助企业在技术选择、研发投入和知识产权保护等方面做出决策。

总之，经济博弈论在实际应用中需要结合具体情况和数据进行综合考虑。农产品加工

企业在实践中可以借助经济博弈论的方法来进行策略分析和决策制定，以提高经营效益和竞争力。

第七节　基于博弈论的经济新常态下供电企业内部审计风险

一、供电企业的经济新常态

随着社会的不断发展和科技的进步，供电企业也面临着新的经济常态。能源需求的不断增加，供电企业的角色也在不断演变。

第一，供电企业在经济新常态下更加注重效益和可持续性。随着能源资源的日益稀缺和环境问题的凸显，供电企业需要更加关注能源的有效利用和环境保护。他们积极推广清洁能源，提高能源利用效率，并采取节能减排的措施。同时，供电企业也需要不断优化经营管理，提高效益，确保企业的可持续发展。

第二，供电企业在经济新常态下加强创新和科技应用。随着信息技术和智能化的快速发展，供电企业将更加注重数字化转型和智能化建设。他们引入先进的技术和设备，建立智能电网，提升供电的可靠性和稳定性。同时，供电企业还积极探索新能源技术和储能技术，为能源的可持续发展做出贡献。

第三，供电企业在经济新常态下注重用户需求和服务体验。随着用户需求的多样化和个性化，供电企业需要提供更加便捷和优质的服务。他们通过建立智能化的电力服务平台，提供在线支付、用电查询和故障报修等服务，方便用户的使用和管理。同时，供电企业也加强与用户的沟通和互动，通过调研和反馈机制，了解用户的需求，并及时做出调整和改进。

第四，供电企业在经济新常态下加强国际合作和交流。能源是国际上的重要资源，供电企业需要与国内外的能源企业和组织进行合作，共同应对能源安全和环境问题。他们可以借鉴和吸取其他国家和地区的经验，推动能源技术和政策的创新，共同推动全球能源领域的可持续发展。

总之，供电企业在经济新常态下面临着新的挑战和机遇。他们需要注重效益和可持续性，加强创新和科技应用，关注用户需求和服务体验，加强国际合作和交流。只有不断适应和引领经济新常态的发展，供电企业才能在竞争激烈的市场环境中保持竞争力，并为社会经济的可持续发展做出贡献。

二、供电企业内部审计风险

内部审计风险一般是指在内部审计行为中内部审计部门对被审计单位的财务收支报表和履行相关职能的情况发表的不恰当的意见和评价，或是对被审计客体做出错误的处理。从内部审计的具体行业来看，作为国民经济发展的基础产业，供电企业的发展对地方经济整体发展起着重要的引导和支撑作用。

随着电力体制改革的不断深入，政府对国有企业的监管力度不断加大，媒体对公用事业单位的关注度越来越高，供电企业的内部审计将承担更多责任。随着中国经济发展进入新常态，经济结构的不断优化升级要求供电企业同步转型，发展绿色能源、提供绿色能源；而随着经济发展动力从要素驱动、投资驱动向创新驱动和服务业发展，供电企业也必然会面临用电需求的结构转型和供给对象的重心转移。因此，防范内部审计风险，将供电企业的内部审计风险控制在合理水平，提高审计质量，是新形势下落实基层供电企业改革、促进产业转型升级、推进供给侧结构性改革、保证经济新常态平稳运行的关键问题，也必然会为正在全面实施的国有企业改革提供重要的经验借鉴。

三、供电企业内部审计风险的博弈策略选择与改进措施

供电企业内部审计的博弈主体主要包括四方：被审计单位、审计人员、内部审计部门、企业管理层。由于内部审计是由内部审计部门派出审计组实施，审计人员在审计信息获取中更为直接、占优势，而内部审计部门在信息获取上处于劣势，所以本研究以此为基础讨论信息不对称各环节下的审计风险。

（一）博弈参与方的策略选择

第一，被审计单位策略选择。被审计单位策略选择包括：合规经营或违规经营。合规经营是指被审计单位依法尽职、提升经营管理绩效，保障供电企业各类资源得到公平有效利用；违规经营是指被审计单位不作为、慢作为、乱作为，从而导致管理无序、企业经营低效。

第二，审计人员策略选择。内部审计部门确定审计对象后，派出审计组实施内部审计工作，因此内部审计部门必须通过一线审计人员反馈内部审计信息，相比审计人员处于信息劣势。此时，审计人员有两种策略：合规审计或合谋审计。合规审计是指审计人员尽职尽责，依据供电企业的规定对被审计单位可能存在的问题及时上报。合谋审计是指审计人员与被审计单位之间串通，瞒报、漏报审计问题，也包括审计人员对内部审计工作应付敷

衍，对被审计单位存在的问题未能依法揭示或准确判断。

第三，内部审计部门策略选择。供电企业内部审计部门承担着审计管理的责任，其策略包括：高质量管理或低质量管理。高质量审计管理指内部审计部门切实履行审计职能，加强对审计工作和审计人员的监督管理。低质量审计管理是指对内部审计工作疏于监管，不能识别审计人员的合谋审计行为，可能导致未能提供客观公正的审计结论。

第四，企业管理层。企业管理层对内部审计部门的审计工作进行监督，同样有两种策略：高质量监督或低质量监督。经济新常态下，企业内部经营审计工作能够主动认识新常态、适应新常态、引领新常态，高度重视内部审计工作，通过企业管理层实施有效监督、内部审计部门落实高质量管理、审计人员认真履行审计职责，切实落实审计主体责任，有效发挥了内部审计的作用与价值，在加强管理、防范风险、提高企业运行效率等方面发挥了重要的积极作用。

（二）供电企业的内部审计风险改进措施

未来供电企业要进一步防范内部审计风险，可从以下几个方面采取改进措施：①加大对被审计单位违规经营的惩罚力度，提高其在经济、政治、社会声誉等方面的违规成本；②通过业绩与职务晋升、声誉机理挂钩等机制，提高审计人员依法履职尽责的积极性；③通过宣传和支持提升内部审计工作的地位和社会认可度，提升内部经营审计技术方法，加大数据分析的应用力度；④推动内部经营审计信息公开，降低供电企业管理层以及社会公众等外部监督力量与内部审计部门的信息不对称，提升企业管理层对内部经营审计工作的监督效果。

参考文献

［1］安轶超. 互联网+技术对企业经济管理的推动作用研究［J］. 轻合金加工技术，2020，48（9）：66.

［2］蔡锐. 多重制度逻辑下混合所有制企业制度互补性研究［J］. 商业经济研究，2022（24）：120-124.

［3］陈华丽，张燕. 家族企业特征对慈善捐赠行为的影响［J］. 合作经济与科技，2022（10）：110.

［4］陈秀芳. 企业经营决策科学化及其实现路径探索［J］. 产业创新研究，2021（23）：118-120.

［5］程聪，贺易宁，严璐璐，等. 组织时间管理如何作用于企业国际化速度？［J］. 外国经济与管理，2022，44（1）：35-49.

［6］党盛文，殷杰. 中国特色现代企业制度视域下的企业道德与责任研究［J］. 经济问题，2023（3）：30-34，75.

［7］邓文娟. 企业组织领导苛敛行为对员工创新绩效的影响机制检验［J］. 统计与决策，2023，39（9）：184-188.

［8］盖德才. 企业经济管理中的思想政治工作探究［J］. 中学政治教学参考，2022（16）：103.

［9］高倩倩. 我国企业文化管理现存问题探讨［J］. 营销界，2023（02）：137-139.

［10］郭天忻. 商业广告记忆效果的研究［J］. 科学咨询（教育科研），2020（1）：22-23.

［11］何丽. 关于企业经济管理构成要素的探讨［J］. 全国流通经济，2020（2）：96-97.

［12］胡朝宪. "互联网+"背景下现代企业经济管理方法［J］. 今日财富（中国知识产权），2023（6）：77.

［13］胡希宁，贾小立. 博弈论的理论精华及其现实意义［J］. 中共中央党校学报，2002（2）：48.

[14] 江璐璐. 企业文化建设在企业管理中的重要性研究 [J]. 现代企业文化，2022 (31)：10-12.

[15] 康芳，马婧，易善秋. 现代管理创新与企业经济发展 [M]. 长春：吉林出版集团股份有限公司，2020.

[16] 李光凤. 企业文化的形成与管理 [J]. 化工管理，2023 (5)：4-6.

[17] 李海涛. 中小企业财务会计管理框架及应用探析 [J]. 中国注册会计师，2022 (4)：98-101.

[18] 李佳琪. 基于市场经济为基础的公共管理职能浅析 [J]. 商业观察，2022 (28)：65.

[19] 李萍. 博弈论下的企业经营决策分析 [J]. 商场现代化，2021 (21)：106-108.

[20] 李响. 现代企业制度下企业财务管理的探讨 [J]. 现代商业，2022 (8)：141.

[21] 李鑫熳，丛璐. 企业成本管理信息自愿性披露影响因素研究——基于企业竞争地位视角 [J]. 现代营销（学苑版），2021 (12)：28-30.

[22] 李勇. 强化企业文化管理激发企业发展内生动力 [J]. 商业文化，2021 (31)：15-16.

[23] 李正图，朱秋，米晋宏. 论建立和完善中国特色现代企业制度的原则 [J]. 上海经济研究，2023 (3)：19-26.

[24] 刘培. 基于人力资源管理视角下人事档案管理探讨 [J]. 黑龙江档案，2023 (2)：254-256.

[25] 刘伟. 浅谈新时期企业营销管理策略及实施 [J]. 老字号品牌营销，2022 (13)：54-56.

[26] 刘晓旭. 企业人力资源管理中激励机制问题探讨 [J]. 大陆桥视野，2023 (5)：118-120.

[27] 罗公利，边伟军. 不确定性、风险管理与高技术企业新产品市场绩效 [J]. 东岳论丛，2020，41 (8)：125-134.

[28] 麦文桢，陈高峰，高文成. 现代企业经济管理及信息化发展路径研究 [M]. 北京：中国财富出版社，2020.

[29] 莫玲娜. 知识经济与现代企业管理创新 [M]. 成都：电子科技大学出版社，2015.

[30] 邵亮. 管理会计方法在企业营销管理中的应用 [J]. 上海商业，2023 (4)：185.

[31] 宋磊. 博弈论视角下国有企业人力资源管理优化方案分析 [J]. 长江技术经济，2021，5 (S1)：138-140.

［32］孙贵丽. 现代企业发展与经济管理创新策略［M］. 长春：吉林科学技术出版社，
2022.

［33］唐梦雅. 企业人力资源管理中的薪酬管理创新实践研究［J］. 中国集体经济，2023
（19）：107-110.

［34］田骏. 新经济背景下企业财务管理创新分析［J］. 中国集体经济，2023（18）：142.

［35］文艺洁. 企业经营决策中的财务分析［J］. 营销界，2022（21）：105-107.

［36］向华锋. 企业财务管理与成本控制协同管理策略探究［J］. 财会学习，2023（13）：
102-104.

［37］喻登科，张婉君. 企业组织知性资本、知识管理能力与开放式创新绩效［J］. 科技
进步与对策，2022，39（9）：122-131.

［38］喻欢，王林，王欢. 企业经济发展与人力资源管理对自然生态环境的改善与优化
［J］. 环境工程，2022，40（2）：325.

［39］张海姣. 基于微观经济学博弈论的企业管理行为分析［J］. 商场现代化，2012（1）：
12.

［40］张靖雅，蒋文涛，杨佩洁，等. 家政企业诚信评价体系构建的探索［J］. 现代商业，
2020（14）：54-55.

［41］张俊杰. 绩效考核在企业人力资源管理中的应用［J］. 全国流通经济，2023（10）：
108-111.

［42］张琪. 循环经济背景下企业管理发展方向探析［J］. 全国流通经济，2022（4）：73.

［43］张怡迪. 企业知识产权管理与企业国际化的研究与展望［J］. 现代商贸工业，2021，
42（18）：132-133.

［44］张颖，张微，刘大维. 演化博弈视角下企业组织冲突的诱因、升级与管理［J］. 商
业研究，2020（7）：122-129.

［45］赵晓煜，高云飞，孙梦迪. 制造企业组织柔性、动态服务创新能力与服务创新绩效
［J］. 科技进步与对策，2020，37（15）：62-69.

［46］郑朴. 信息时代企业营销管理的变革与创新［J］. 现代商业，2021（29）：18-20.